Otto W. Bringer

Maskerade
2020/21

Copyright: © 2021 Otto W. Bringer

Satz: Erik Kinting – www.buchlektorat.net

Umschlaggestaltung Otto W. Bringer einschließlich aller Foto-Bearbeitungen

Verlag und Druck:

tredition GmbH

Halenreie 40-44

22359 Hamburg

978-3-347-28674-0 (Paperback)

978-3-347-28675-7 (Hardcover)

978-3-347-28676-4 (e-Book)

Bibliografische Information der Deutschen Nationalbibliothek:

Die Deutsche Nationalbibliothek verzeichnet diese Publikation in der Deutschen Nationalbibliografie; detaillierte bibliografische Daten sind im Internet über http://dnb.d-nb.de abrufbar.

1

Mir kommt vor, als wäre ich in einem zweiten Leben. Das erste vorbei, als alles noch normal war. Vorbei, als Adam und Eva aus dem Paradies geworfen sich erkannten, wie die Bibel es formulierte. Auch Atheisten und Bibelleugner sollen erfahren, was die Bibel mit erkennen meint: Als Adam sah, Eva ist eine Frau und Eva, Adam ein Mann, da war 's um beide geschehen. Es zog sie zueinander, ineinander. Eng umschlungen, dass kein Feigenblatt dazwischen passte. Adams Zunge suchte Evas Zunge, zu kosten, wie das andere schmeckt. Kein Virus hatte sich eingeschlichen. Sonst hätte es Kain und Abel nicht gegeben und Set, den dritten Sohn. Und die wieder Kinder. Mit wem auch immer gezeugt.

Ungezählte Generationen nach ihnen und wir. Die bis zum Frühjahr 2020 lebten wie die ersten Menschen. Auch wenn es kein Paradies mehr war. Im Rückblick aber doch. Denn heute Maske vor dem Gesicht, Distanz zum anderen. Corona hat uns im Griff. Die Zeit eine andere. Eine, die nicht mehr in Jahrmillionen zählt, sondern in Tagen, Stunden, Minuten auf der Intensivstation.

Hätte Gott die Gesichter von Adam und Eva mit einer Maske versorgt, wären wir nichts anderes gewohnt. Niemand beklagte sich über Gesichtsverlust, Atemnot und Unverstanden. Masken sind wie Schalldämpfer.

Schwerhörige verstehen kaum, was andere ihnen zu sagen haben. Flüstern schon lange nicht mehr, sie schreien. Alles schreit. Schreien nach Hilfe, die vom Virus betroffenen. Nach dem Ende staatlicher Bevormundung, die Masken und Abstand leid sind. Ein paar Schwarzröcke predigen: selber schuld. Der Mensch hat sich von Gott entfernt. Und der Allmächtige hat Corona geschickt, uns zu mahnen. Fünf Minuten vor Zwölf. Gerade noch rechtzeitig. Bevor, wie seit langem angekündigt, die Welt untergehe. Strafgericht gehalten und die Guten in den Himmel, die Bösen in die Hölle geschickt.

Frage mich, kann Hölle schlimmer sein als derzeit die Corona-Pandemie? Spüren wir nicht Hitze aufwallen, wenn Vorhersagen unsere Gedanken jagen? Dahin, wo Tote zuhause sind. Angst sich breit macht, nicht nur im Gehirn. Die Gefühlswelt der ganzen Menschheit durcheinander, gekreuzt und gequert. Wenn bestellte Experten mahnen und drohen, den Teufel an die Wand malen? Ein Ende der Pandemie sei nicht abzusehen. Wir müssten mit ihr leben.

Ist es das Leben, von dem wir zurzeit schon einen Vorgeschmack bekommen? «Tanz auf dem Vulkan» fällt mir ein. Ein Film in den Dreißigern mit Gustav Gründgens in der Hauptrolle. Im Paris der 30ger Jahre des 19. Jahrhunderts Napoleons Nachfahren wieder an der Macht. Adel und Kirche diktierten wie vor der Revolution. Militär und Volk standen auf, zogen protestierend und singend durch die Straßen von Paris:

Die Nacht ist nicht allein zum Schlafen da –
die Nacht ist da, dass was gescheh –
ein Schiff ist nicht nur für den Hafen da –
es muss hinaus, hinaus auf hohe See –

berauscht euch Freunde, trinkt und liebt und lacht –
und lebt den schönsten Augenblick – die Nacht, die
man im Rausch verbracht – bedeutet Seligkeit und
Glück

Heute erinnert man sich an die 1920er Jahre, «Roaring Twentys» genannt. Selbst erlebt und in Filmen und Büchern begeistert geschildert. Ist Corona besiegt und all seine Mutanten, dann sollen sie wieder beginnen. Genauso rauschhaft wie vor 100 Jahren. Wie jeder weiß, endeten sie mit einer Vollbremsung: Inflation, sieben Millionen Arbeitslose

Hungersnot, bis Hitler kam. Sich als Retter aufspielte. Ein Jahrzehnt später das deutsche Volk, Europa und die halbe Welt in den Untergang riss. Droht uns ein ähnliches Schicksal? Nach Corona ein Aufschwung? Danach aber ein noch unbekanntes, schlimmeres Desaster?

Die Zukunft, von der wir träumen, lässt denken an Charlston, Swing und Jazz, die goldenen Jahre. Während endloser Monate der Lockdown herrscht. Zurück gezogen in den eigenen vier Wänden. Nur wenige Kontakte, das ewige, tranige Herumsurfen auf dem Handy. Von Woche zu Woche bedenklich steigende Bildschirmzeit. Die drei üblichen Begrüßungsküsse verhindert die FFP2 Maske. Kunsthistoriker Florian Illies schreibt in der «Neue Zürcher Zeitung»: All das hat die Sehnsucht nach den «Goldenen Zwanzigern» als Vorlage für einen wilden Sommer 2021 zu einer regelrechten Obsession gemacht.

«Alle sind so ernst geworden», bilanzieren Martin Suter und Benjamin von Stuckrad-Barre in ihrem gleichnamigen Buch. Sehr bald aber wollen alle, frisch geimpft, endlich wieder lustig sein. Das Leben soll nach Restriktionen, Ängsten der Pandemie wieder so rasant und vital wie vorher werden. Wie in der fulminant erfolgreichen Fernsehserie «Babylon». Nur bitte diesmal ohne Mord und

Totschlag, aber mit fließendem Wasser. Die optimierte Intensität des Lebens ist das Glaubensbekenntnis einer neuen Elite. Und zwar in allen Lebensbereichen.

Während die anderen an den Folgen der Pandemie leiden. Arbeitslos, weil nicht gewohnt oder versiert genug, auf dem Computer zu arbeiten. Handwerker und freischaffende Künstler, die während des Lockdowns keine Einnahmen haben. Gaststätten und Cafés ebenso. Nicht anders als in den 1920ern, als Millionen keine Arbeit fanden. Unter ihnen zahllose Verwundete des vier Jahre dauernden Weltkrieges. Künstler wie Kirchner und Grosz den Graben zwischen reich und arm zum Thema ihrer Bilder machten.

Niemand weiß, wie viele Menschen auf dem Globus Gedanken an Pandemie in Alkohol ertränken. Wieviel sich mit Marihuana oder LSD von der Wirklichkeit entfernen. Bei Umarmungen und verschlungenen Küssen den Virus vergessen. Obwohl er sich gerade dann einschleichen könnte. Hauptsache, den Augenblick genießen. «Carpe diem» hieß es bei den alten Römern, genieße den Tag. Den kleinsten Moment eines Moments, der alles andere vergessen lässt. Weil Nerven im Gehirn Glückshormone ausgestoßen. Dann, wenn eine

Sache gelungen ist, ejakuliert und Orgasmus erlebt. Wie wunderbar war doch das Leben vor Corona. Das Ehemals gepriesen, die Gegenwart vergessen. Die Zukunft ignoriert, als gäbe es kein Morgen.

Die heute so denken und handeln, sind ehemalige 1968er. Mit dem Furor der Jugend jagten sie alles Vergangene zum Teufel. Bürgerliche Sitte und Anstand, die ganze moralinsaure Gesellschaft. Nazis sowieso. Alles Vergangene war schlecht, weil es von gestern war. Neues wollten sie, das sie befreite. Endlich Mensch sein und frei zu entscheiden, was mir gut tut. Vieles hat sich danach geändert. Angepasst an ständig wechselnde Umstände und Erkenntnisse. Den Klimawandel oder aktuell Corona.

2020/21 ist es reziprok, umgekehrt wie damals in den Sechzigern. Vergangenes wird herbei gesehnt, als der Begriff Corona noch nicht in Lexika, auf Wikipedia zu finden war. Die Gegenwart verflucht. Keine Zeitungsseite, keine Mail, keine Social-Media-Nachricht scheint ohne Corona oder Covid 19 auszukommen. Geleugnet nur von ewig Gestrigen und denen, die dem Staat die Schuld gegeben. Der Mensch schwankt, wie eigentlich immer. Zwischen Wollen und Können. Traum und Realität. Glaubt aber, er sei noch Herr des Geschehens. Nicht einmal im stillen Kämmerlein ist er frei, zu entscheiden. Ohne einen Gedanken an Corona und seine Folgen.

Kleine Betriebe und Selbstständige seit über einem Jahr ohne Einkünfte. Vom Staat vergessen, weil nicht systemrelevant. Das kann doch niemanden kalt lassen. Hin nehmen wie eine vorübergehende Erkältung anno dazumal. Man blieb zuhause, trank Kamillen- oder gurgelte mit Salbeitee und freute sich schon auf 's nächste Treffen mit Freunden im Café.

Heute rennt zum Arzt, wer sich unwohl fühlt. Nase juckt oder der linke Ellenbogen. Es könnte Corona sein. Häuft Toilettenpapier, man weiß ja nicht. Man weiß überhaupt ganz und gar nichts. Ob letztlich eine Maske vor Ansteckung schützt. Distanz von 1,5 m ausreicht, begegnet man einem 80jährigen. Die Abstände werden größer bei denen, sie sich fürchten. Kleiner beide denen, die sagen Corona kann mich mal. Ob diese Egal-Stimmung zur Abwehr von Corona taugt, soll mir Herr Lauterbach bestätigen.

2

Heute ist der 2. Februar 2021 und schon haben die Leute Masken vor dem Gesicht. Rosenmontag ist doch erst nächste Woche. Ja, ich weiß: man freut sich bei uns und überall. Auch in Venedig, der Hochburg des Carnevale. Lässt sich in Geschäften von einer Maske verführen und kauft sie. Obwohl die alte noch nicht verschlissen, Festivitäten verboten sind. Die neue aber schöner, origineller als alle, die man kennt. So anders, dass selbst Freunde nicht wissen, wen sie versteckt. Alles wie immer, trotz Corona. Das Spiel mit der Maske ein Vergnügen für alle. Ein Volksfest ganz eigener Art. Nur Augen zu sehen wie immer. Aber auch Gesichter, wie immer. Gesichter überall. Nicht das eigene, ein anderes muss es sein. Der Rest der Menschheit soll raten, wer oder was sich hinter der Maske verbirgt. Bei uns jetzt schon ein ganzes Jahr. Verordnet und nicht frei gewählt. Egal, könnte man denken. Ein Gesicht ist per se ein Rätsel, mit und ohne Maske. Hinter der Fassade lauert das unbekannte Wesen Mensch. Wer kennt nicht einen Bösewicht, der lächelt, an nichts Böses denken lässt?

Soweit denken Spahn, Kolleginnen und Kollegen der großen Koalition nicht. 28 der 34 Kölner

Karnevalsvereine fordern Masken mit Ausdruck von Gesichtern. Auch wenn es Schweinsköpfe sind, oder die von Eseln oder Hexen, wie immer schon. Aber den Virus dürfen sie nicht durchlassen. Ich würde mir sofort eine kaufen, desinfizierte sie sich selber. Im Internet werden solche Mund- und Nasenschützer bereits angeboten. Eine Maske im Jahr für 68 Euro. Stellte man Milliarden her, wären sie billiger. Auch Harz4 Empfänger könnten sich leisten, einmal im Monat auf einen Espresso verzichten. Sicherheit für sich und andere. Wie wär 's Herr Spahn? An echt vergoldeten für Millionäre könnten Sie wieder verdienen.

Heute am 2. Februar ist auch Maria Lichtmess, der Tag, an dem die Weihnachtszeit für Katholiken, endgültig vorbei ist. Katholisch war alles früher. Auch ich. Letzte Nacht aber habe ich seit langem mal wieder acht Stunden durchgeschlafen. Ohne von Gott oder Teufel zu träumen. Tolles Gefühl, ausgeruht und wie befreit zu sein. Die Diskussion gestern im Fernsehen abgehakt. Presseklub, Journalisten-Talk in «ARD», wegen Fußball durch den Internationalen Frühschoppen auf «Phoenix» ersetzt. Es ging um fehlenden Impfstoff gegen Corona oder Covid 19. Heimtückischer Virus, der die ganze Welt überfallen. Deutschlands Politiker versagten bei der Beschaffung ausreichender Mengen. Andere Länder sind weiter.

Mich hat dieser Virus bisher verschont. Ob die blaue Stoff-Maske doch mich selber schützt? Auch wenn Experten es verneinen. Im Ohr die Antwort meiner damals 98 Jahre alten Tante Traute aus Wien: „I bin pumperlgsund". Überraschend starb sie mit 103 Jahren in den Armen ihres Partners. Auf dem Neujahrsball beim Walzerdrehn. Mittlerweile selber 94 auf dem Buckel. Seit Jahren nicht mehr gehustet oder geschnupft. Pumperlgsund also. Zahnfleisch wie das eines 20jährigen, schwört die Zahnärztin. Nur mein Rücken ist absolut und in der Tat unreparierbar. Schmerzt jedes Mal nach dem Aufstehen und dann geht 's so la la. Spüre nichts, weder Knoch noch Nerv, schreibe ich an einem Buch. Koche ich mir eine Bouillabaise. Spiele Mozart oder Bach auf dem Klavier. Es ist, als hätte mir Apoll, der Gott der Künste, seinen Körper geliehen. Mich wohlzufühlen wie Mann in den Armen einer Frau.

Jeden Morgen, auch an diesem 2. Februar 2021, stehe ich im Bad vor dem Quadratmeter großen Spiegel über dem Waschbecken. Mich in fast ganzer Länge zu betrachten. Bin ich ein Jüngling noch, als den ich mich fühle? Oder schon ein alter

Mann? Ziehe den Bauch ein, spanne die Muskeln und lass es wieder. Es bleibt wie es ist. Bauch fett, Muskeln mager, Schlappschwanz. Außerdem beschäftigt mit Waschen, Rasieren und Zähneputzen. Lasse Platz neben mir frei für Rose, meine Frau. Sie in Gedanken neben mir zu wissen. Ihr Parfüm Boucheron in der Nase, das ich vorher verstäubte.

Die immer Rosen-Duftende wollte einen der beiden großen Spiegel aus unserem früheren Haus ins Seniorenstift mitnehmen. Auch ein Waschbecken. In Form einer Wanne. Groß genug, Haare darin zu waschen. Oder eine kleine Charlotte baden, die sie sich so sehnlichst wünschte. Aber nicht bekommen konnte, weil der Gynäkologe meinte, ihre Gebärmutter müsse entfernt werden. Ein minisüßes Röslein in weißer Keramik erinnert mich an Rose, die große Liebe meines Lebens. Weihnachten 2009 starb sie an den Folgen eines Lungen-Emphysems. Wie Menschen heute an Covid 19. Bin froh, dass sie die Pandemie nicht mehr erleben musste. Mit einer Gesichtsmaske wäre sie nicht nur sofort erstickt. Auch nicht mehr die gewesen, die ich liebte. Erinnere alle Züge ihres Gesichtes. Nofretete, der schönsten Frau der Welt ähnlich, makellos. Bis zuletzt behielt sie Contenance. Täuschte ein heiteres Leben vor und war sterbenskrank. Mit letztem Atem gehaucht: „ich liebe dich." Nie werde ich dieses, ihr letztes Bekenntnis vergessen. Nie. Nie. Niemals. Und werde ich alt wie Methusalem.

Betrachte mich im Riesenspiegel. Breitbeinig, beide Arme seitwärts ausgestreckt, als wollte ich ein Universum sein. Wie ihn «Leonardo da Vinci» zeichnete, einer der größten Maler aller Zeiten. Mensch, das Maß aller Dinge. Heute hat ein Virus diese Erkenntnis auf den Kopf gestellt. Ein nur mikroskopisch erfassbares, minikleines Ding setzt Maßstäbe, die der Mensch erst mal begreifen muss. Bevor er das Universum misst. Ein Medikament entwickeln ist wichtiger. Auch ein Emphysem ist mächtig, die lebensnotwendige Versorgung des Blutes mit Sauerstoff zu verhindern. Medikamentös nicht zu behandeln. Sodass die Ärzte meine Rose nach vier Monaten einschlafen ließen. Sie konnte und wollte nicht mehr. 42 Tage und Nächte Atemnot und Angst zu sterben waren genug.

Ach, hätte ich sie doch trösten können. Umarmte sie schweigend immer wieder. Spürte ihr Herz an meinem Herzen schlagen, die Wärme ihres Leibes durch Nachthemd und zerknautschte Bettdecke. Denke ich an Sterbende heute, bin ich erleichtert. Spürte sie mich damals doch an ihrer Seite. Getröstet vielleicht, hoffe ich jedenfalls. Jetzt dürfte ich ihr nur mit Maske näher kommen. 1,50 m Abstand halten. Umarmungen und Küsse verboten. Besuche in Altenheimen ebenso. Todkranke allein, auch ihre Kinder und Anverwandte.

Wissenschaftler beweisen, dass Berühren für physisches und seelisches Wohlbefinden unverzichtbar ist. Ausgelöst durch ein raffiniertes Wechselspiel zwischen Nervenfasern, Rückenmark und Gehirn. Nichts kann physische Nähe ersetzen.

Wird die nun erzwungene Distanz Entfremdung zur Folge haben? Gar Hass?

Der Mensch auf sich zurück geworfen wie noch nie. Im jedem gesprochenen Wort, in jedem Atemzug könnte ein Virus sein, sich und andere anstecken. Wird es weiter hohe Inzidenzen geben, werden sie Polizei und Militär einsetzen wie in Israel. Es zu kontrollieren. Wer in der Öffentlichkeit eine einfache Stoffmaske trägt und keine FFP2, muss heute schon mit bis zu 300 Euro Strafe rechnen. Meide Stadtfahrten, weil das Gummi der Maske schon mal eines meiner Hörgeräte heruntergerissen hat. Zum Glück konnte ich es auffangen, sonst wären 2400 Euro für ein neues fällig geworden.

Bleibe zuhause und nähre dich redlich, der alte Spruch wieder aktuell. Was sage ich? Aktuell hoch zehn. Das Risiko zu groß, auch im Lebensmittelladen infiziert zu werden. Trotz Abstand und Maskenpflicht. Alle Einkaufswagen potentiell lebensgefährlich. Jede Banane, jede Packung, die ein anderer angefasst. Zuhause fühlt man sich sicher. Obwohl Gefühle immer schon trügerisch waren. Aber beruhigend der große Vorrat an Dosen, Gläsern und Schachteln. Irgendwann gedacht, das brauche ich. *Haben* ist jetzt meine Weltanschauung. Nicht *Sein*. Erich Fromm hat in seinem Buch «Haben oder Sein?» nicht alles bedacht. Was man ist, ändert sich laufend. Was man hat, bleibt, was es ist. Im Tiefkühlfach oder getrocknet wie Reis, Mehl oder Nudeln. Thunfisch aus Blechbüchsen schmeckt lecker. Oder Spaghetti mit Zwiebeln und Pelati-Tomaten aus der Dose. Pfannkuchen aus Mehl und Wasser ohne Ei wie nach dem Krieg muss nicht sein.

Auch heute, am 2. Februar 2021 frühstücke ich wie immer am quadratischen, dunkelkirschrot lackierten Tisch. Von mir entworfen, mich täglich zu erinnern, du musst dich ändern. Dein bisheriges Leben vergessen. Hier ist eines, das Anpassen verlangt. Die Uhrzeiger stehen auf 09:30 Uhr. Ein weißes Leinenset und Serviette im silbernen Ring für Rose auf dem Tisch mir gegenüber, jeden Tag.

Sehe sie vor mir und begrüße sie: „Buongiorno Rosa oder bonjour Chéri." Spitze die Lippen und küsse die ihren, dass man 's hört.

Habe mich daran gewöhnt, mit Jogurt zu beginnen. Meinen Stoffwechsel mit Vitaminen zu beschleunigen. Obst der Jahreszeit, klein geschnitzelt. Dann eine Scheibe Brot aus Dinkelkorn. Das Hildegard von Bingen schon vor 800 Jahren empfahl. Weil es gesünder als Weizen oder Roggen sei. Salzbutter aus der Bretagne. Salami und Käse aus Italien oder Frankreich. Von der Wand dahinter lächelt mir Rose von Fotos zu. Auf Leinwand mit Keilrahmen kopiert, lebensgroß. Erinnert an unseren ersten gemeinsamen Urlaub in Colonia Sant Jordi, Mallorca. Unserer Isla d' amor, Insel der Liebe.

Über dem Tisch ein Kronleuchter mit sechs rundeisernen Armen, an deren Enden Glaskelche. In denen an Festtagen Kugelkerzen brennen. Inmitten am Kabel ein Trichter aus Blauglas mit einer Halogen-Lampe. Beleuchtet Tisch und Gesichter der Gäste. Auch meines, das niemand mehr anschaut. Zu wissen, ob ich bereit bin, mich überzeugen zu lassen.

Ab Anfang Dezember hänge ich jedes Jahr einen Adventskranz unter den Leuchter. Schönseite nach unten. Befestige ihn mit breiten, roten

Stoffbändern an drei der sechs eisernen Arme des Leuchters. Am dunklen Tannengrün baumeln neun heil gebliebene glasversilberte Schmuckstücke aus dem Erzgebirge. Sonne, Mond und Sterne. Kugeln und farbige Tannenzapfen. Glitzernde Überbleibsel unseres Baumschmuckes im früheren Haus.

Pünktlich Maria Lichtmess, am 3. Februar nehme ich den Kranz wieder herunter. Gefrühstückt, gespült und weggeräumt, befreie ich zuerst die kostbaren Glasgebilde aus ihrer Verhakung im Tannengrün. Achte darauf, dass keines herunterfällt und nur noch klitzekleine Glassplitter mich mahnen: pass auf du Trottel. Noch aufmerksamer geworden als ich ohnehin schon war. Wickele die hauchdünnen Gebilde in Seidenpapier. Lege jedes in das Fach eines Kartons. Vorsichtiger als ein rohes Ei. In einer Schublade des Küchenschrankes wird es warten müssen, bis wieder Weihnachten ist.

Den Kranz runterholen leichter als aufhängen. Bisher hielt die Putzfrau den Kranz, ich band ihn an den Leuchter. Jetzt habe ich es mit Büchern ausprobiert. Ja, lachen Sie nur. Bücher mit Kunst erwiesen sich als ideale Kranzaufhängungshilfe. Jedes von ihnen 5 cm dick. Stapele zwölf übereinander, bis knapp unter den Leuchter. Kranz drauf gelegt und angebunden. 8 Euro für die Putzfrau weniger zahlen müssen.

Herunter geht 's ruckzuck. Mit der Universalschere die roten Bändel durchtrennt. Der Kranz fällt auf den Tisch, ohne die immer noch makellose Lackierung zu beschädigen. Sechs Seiten der «Neuen Zürcher Zeitung» vom letzten Sonntag schützen sie vor Nadelstichen und klebrigen Harzresten. Putzfrau kommt in zehn Minuten. Wird wischen, saugen, aber die verknoteten, roten Stoffreste am Leuchter ignorieren. Wie alles, was sich oberhalb ihres Horizontes befindet. Ob das nächste Weihnachten wie früher sein wird? Weiß nur der Kuckuck.

In unserem Bungalow zwischen Düsseldorf und Köln beherrschte eine zimmerhohe Nordmanntanne den großen Wohnraum. Mit ebendem Schmuck, den Rose damals in einem Antiquitätenladen entdeckte. Sich viel Zeit nahm, den Baum mit schimmerndem Silber und sattgelben, duftenden Wachskerzen von oben bis unten zu schmücken. So ausgewogen schön es jedes Mal war, im viel kleineren Appartement wollten wir keinen Tannenbaum. Wir hätten uns nur noch um uns selber drehen können. Aber ein Kranz aus Zweigen einer Nordmanntanne mit altem Silber duftete und sorgte bis vor fünf Minuten noch mit den Kerzen auf dem Leuchter für die ersehnte weihnachtliche Atmosphäre. Jetzt fühle ich mich allein gelassen. Von dem, was ich liebe und wiederhole, sooft es im Kalender steht. Um Weihnacht wie Weihnacht duften zu lassen. Nach Harz, heißem Wachs, Sternanis und Kardamom.

Alleiner kann keiner sein auf siebzig Quadratmetern. Allein im Bett für zwei. Allein am Tisch für vier. Allein mit sich selber bis zum Überdruss. Niemand, der mit mir redet. Auf den ich mich konzentrieren muss, damit ich ihn verstehe. Keine Frau, deren Hand meine Schulter berührt, mich wissen zu lassen: hab keine Angst. Kein Disput mit Querdenkern wie früher. Alles hat sich verkrochen. Wer weiß wohin. Und wie lange noch muss ich das Alleinsein erleiden. Schillers Freude, schöner Götterfunken mir anhören, obwohl Freude rar geworden und nur noch Corona Corona dazwischen funkt.

Weihnachten, das Fest aller Feste 2020 wird bei allen anders ausgefallen sein als in den Jahren zuvor. Keine große Veranstaltung. Nur nächste Angehörige zu Besuch. Corona fordert Opfer von uns allen. Mund- und Nasenschutz-Maske vor allen Gesichtern verhüllen individuelle Charakterzüge. Man sieht nur Augen, Augen. Zwei Augen, die umherirren, als wüssten sie nicht, wohin. Wangen fehlen und Nasen. Falten, Narben oder Warzen. Kein Mund und Doppelkinn. Kein Bart, den Mann zu erkennen. Merkmale eines Individuums. Einmalig jeder Mensch und sein Gesicht. Erkennbar an allem, was ihn ausmacht. Den Wunsch weckt, ihn anzusprechen. Die meisten, denen ich im Haus begegne, erkenne ich nicht wieder. Kein Bedürfnis, ein paar Worte zu wechseln. Murmele in die Maske: „Guten Tag." Wer es war, weiß ich nicht. Mann oder Frau? In der Kapelle einige Frauen knien ein letztes Mal vor den Krippenfiguren. Lichtmess ist heute, die Krippe abzubauen. Jedes Jahr am 2. Februar.

Erinnere, auch in meinem Elternhaus wurden an diesem Tag Baum und Krippe unseren Blicken entzogen. «Maria Lichtmess» feiert die katholische Kirche an diesem Tag. Erinnert an die Vorstellung des Jesuskindes im Tempel. Nach Krippe im Stall von Bethlehem sein erster Schritt in die Öffentlichkeit. Weihnachten vorbei. Ich im Gottesdienst und dann schulfrei. Alltag ohne Schule, aber chaotisch. Von Staubtuchwischen und Staubsaugerlärm begleitet. Kerzenhalter mussten abgeklemmt werden, Kerzenstummel aufbewahrt. Tanne in Stücke gesägt für die Mülltonne. Die Krippe in ihre Bestandteile zerlegt, Figuren in Tücher gewickelt und in Kartons mit den anderen auf den Speicher gebracht.

Warum ich diesen Brauch in der eigenen Familie mit Frau und drei Töchtern beibehielt, weiß ich nicht. Baum mit selbst gebastelter Krippe. Ein Krippenspiel mit den Kindern eingeübt. Gemeinsam gebetet und gesungen, bevor sie die Geschenke auspacken durften. Streng die Regeln wie in meinem Elternhaus. Vermute eher, Katholizität sitzt tief. Auch Jahrzehnte nach meinem Austritt aus der Kirche noch wirksam. Lausche ich Bachs Orgeltönen aus vier Lautsprechern, denke ich, schön war 's doch, trotz allem. Heute, mit dem Abstand von fast zwei Generationen wäre ich toleranter. Ließ Menschen sein, die sie sein wollen und es können. Frau, Kinder und Fremde. Weihnachten und alle Tage des Jahres.

Schon mit Rose, meiner zweiten Frau, begann alles anders zu werden. Sie war evangelisch getauft, ein Freigeist wie ich. Deshalb verstanden wir uns auch ohne Worte. Anders auch unsere Temperamente. Gegensätze ziehen sich an. Nicht nur, wenn sie Mann und Frau sind. Rose schnell mit dem Wort, den Kern des Pudels auf Anhieb entdeckt. Den Punkt auf 's i gesetzt. Während ich einen Gedanken noch hin und her wog und mich fragte, ob ich ein Gedicht daraus machen soll. Das hielt uns 28 Jahre zusammen.

Seit ihrem Tod kann ich nicht mehr dichten, verdichten. Mit wenigen Worten alles sagen. Objekte, die Lichtjahre entfernt, in unseren Händen zum Spielball machen. Vorgänge, die man zu kennen glaubt, in Unfassbarkeiten verwandelt. Lauscht man dem Rhythmus der Verse. Wie damals, als mich Rose allein durch ihr Sosein inspirierte, in Versform auszudrücken, was mich bewegte.

Seit ich dich liebe – Schlafe ich ein mit der Sonne im Bauch – wache ich auf mit dem Mond in der Hand – tanze ich auf dem Faden der Spinne

Nicht lange und sie zog zu mir in mein Haus in Langenfeld. Aus Tannengrün und Balkenbraun wurde Türkis und Gold. Aus hölzernen Dielen Marmor aus Travertino. Die alte Welt vollkommen auf den Kopf gestellt wie heute. Nur positiv aufgeladen, im Gegensatz zu heute. Mit Hoffnung und Liebe. Akzeptanz des Andersseins. Sterneweit entfernt von einer Moral, die katholisch geprägt, nur eines kannte: Gott. Heute ist Covid 19 das die ganze Welt beherrschende Maximum. Gott abwesend, als hätte er uns, die Krone seiner Schöpfung, vergessen.

3

Oder haben wir ihn vergessen? Nicht erst jetzt, schon seit wir Krieg und die Zeit danach überwunden. Im Rausch des Wiederaufbaus Geld unser höchstes Gut. Und Freiheit wie in den Goldenen 20ern. Ab den 1968ern Sex, nur die eigene Lust befriedigt. Nicht Kinder zu zeugen, der Mann. Austragen und zur Welt bringen, die Frau. Um lebendig zu erhalten, was als einziges in der Lage ist, Schuld einzugestehen und Konsequenzen zu ziehen. Seit einem Jahr diskutiert man über Corona noch und noch. Nur um sich zu bestätigen: Wir alle sind betroffen. Als ob es nichts anderes gebe. Das immer wärmer werdende Klima. Die rasant wachsende Kluft zwischen reich und arm.

Dieser Gedanke beschäftigt mich, während meine Hände in der Pantry das Frühstücksgeschirr spülen, abtrocknen und in den Schrank stellen. Jeden Morgen dasselbe. Routiniert, aber gerade deswegen so unerhört anregend. Während unter dem weichen Tuch das Porzellan von Tasse, Teller und Besteck den letzten Tropfen Feuchtigkeit verlieren, gewinne ich an Fantasie. Finde ohne Navi den Weg durchs Küchenfenster hinaus in die neblige Februarluft. Erhebt sich zu mir bekannten Höhen des

Schönbergs mit einem Freiluft-Restaurant. Mir liegt ganz Freiburg zu Füßen. Wie ausgepackt und aufgebaut mit Klötzen, Bögen und Dreiecken aus einem altmodischen Spielzeugkasten. Der filigrane Turm des Münsters im Dunst nur zu ahnen. Klötze haben in der Regel keine Löcher.

Gläubige Christen dürften an meiner Stelle Gott im Himmel wissen, auch in Zeiten der Pandemie. Sich wünschen, er griffe ein. Wie damals, als er Noah eine Arche bauen ließ, um ihn, seine Familie und alle geliebten Tiere vor dem Ertrinken in der Sintflut zu bewahren.

Jetzt müsste er Trilliarden Masken vom Himmel fallen lassen. Aus den Wolken Desinfektionsmittel regnen, sodass der Corona-Virus keine Chance hat, sich einzunisten. Menschen krank werden und sterben zu lassen. Die Kliniken wären entlastet, ihr Personal freie Zeit für ein Gespräch, zu trösten. Nicht nur salben, verbinden und verschwinden. Gehetzt vom Zeitplan des Computers. Staatshaushalt und Krankenkassen sparten Milliarden Euro, die sie in Entwicklung neuer Ideen und Umsetzung ihrer guten Absichten investieren könnten. Ganze Völker würden aufatmen und Gott auf den Knien danken für einen solch unerhörten Heilsplan. Leider aber ist es nur das Produkt meiner Fantasie. „Mach was draus", sagte meine Großmutter, als ich ihr von einem Angsttraum erzählte. Sie hielt mich für einen zweiten Thomas Mann.

Mutter Jettchen nannten sie ihre Töchter, meine Tanten. Liebform von Henriette abgeleitet. Henriette von Heinrich. Dem Löwen, lebten sie in Braunschweig und Umgebung. Die im Raum Bamberg und Geschichtsbewusste nannten ihre Söhne nach dem Kaiser Heinrich II. Andere beriefen sich auf Henriette Bimmelbahn, aus dem Kinderbuch von Jens Krüll. Grüne in Bayern nennen ihre Töchter Henrike. Weil Henrike Hahn von den Grünen ihre Favoritin ist. Von einem berühmten Jettchen steht nichts in den Geschichtsbüchern.

Großmutter, Papas Mutter war eine bürgerliche Frau, klug und gewitzt. Gattin eines Postsekretärs. Mutter von drei Töchtern und zwei Söhnen. Einer unser Papa, der andere sein Zwillingsbruder, der als Soldat des Kaisers im ersten Weltkrieg fiel. Großmutter groß gewachsen, nannten sie respektvoll Großmutter. Nicht Oma, wie die Mutter unserer Mama. Stets in Schwarz gekleidet. Lang und verschlossen vom Hals bis kurz über Füßen in flachen Schuhen. In ihrer bunt geblümtem Schürze eine Tasche mit dem Portemonnaie. Besuchte ich sie mit Karl, meinem zwei Jahre jüngeren Bruder, griff sie als erstes mit der rechten Hand in die

Schürzentasche. Die linke bereit, uns den Keramikkrug mit aufklappbarem Zinndeckel zu geben: „Hier sind 52 Pfennige, holt mir einen Krug Bier, die zwei Pfennige dürft ihr behalten."

«Zum goldenen Eck» schnell gefunden, kaum aus der Haustür, schräg gegenüber. Sie muss durstig gewesen sein wie ein Mann. Morgens schon Bier, tagsüber und abends das letzte Glas. Mir dämmerte damals, unter dem Namen Henriette muss sich anderes verbergen. Eine Frau kann vielerlei sein. Gott, der Allmächtige hat sicher alle Spielarten des Homo sapiens ausprobiert. Bevor er Adam und Eva erschuf. Stolz, auf dem Gymnasium Latein gelernt zu haben. Heute mache ich mir Gedanken, was der Corona-Virus aus uns Menschen macht. Mutiert er uns wieder rückwärts, zu dem, der wir waren vor zehntausenden von Jahren? Schätze, Neandertaler werden wir sein, Gorilla. Oder statt Adam und Eva ein Bazillus ganz neuer Art. Wer vierzigtausend Jahre und mehr gesund überlebt, wird es am Ende wissen.

Mittlerweile tot, die mir in gewissen Zeiten viel bedeuteten. Freund Hermann Lehner, der mit 27 Jahren an Kinderlähmung starb. Bevor er die Uni abschließen und mich hätte darüber aufklären können, ob Kunst jemals systemrelevant gewesen.

Tante Aloysia, die Schwester meiner Mutter. Rektorin einer Schule für geistig behinderte Kinder. In jedem steckt mehr als man ihm ansieht, ihr Mantra. Pater Omer Belderbos, Freund aller, die nicht weiter wissen. Auch Dorothee, die mittlere meiner Töchter starb in Afrika an Malaria. Allein, ohne dass wir von ihr Abschied nehmen konnten.

Wer weiß, wie es einen zerreißt, stirbt ein geliebter Mensch, der kann es nachfühlen. Den Trennungsschmerz lindert kein tröstendes Wort. Kein Versprechen, es gibt einen Himmel, in dem er weiterlebe. Es braucht seine Zeit. Der eine mehr, andere weniger. Gut dass Zeit dehnbar ist.

Glücklich, dass Angéla, meine älteste Tochter noch quicklebendig ist, trotz Corona. Wenn auch 6000 km von mir entfernt. Zu weit, um sie zu umarmen. Ein Selfie mit Maske habe ich ihr gemailt. Soll wissen, hinter der Maske verbirgt sich einer, der mit dem Absender identisch ist. Seit drei Jahrzehnten lebt sie in den USA. Seit 24 Jahren in New York. Erfolgreich als Costume-Designer für Theater und Oper. Zweimal zur Besten des Jahres gekürt. Sie wird in Manhattan ein eigenes Theater eröffnen, sobald die Sterberate durch den Corona-Virus auf Null gesunken. Die Sehnsucht Hunderttausender nach erlebter Kultur endlich wieder befriedigt werden kann.

Ulrike, die jüngste, mein Sorgenkind. Seit März letzten Jahres ohne Einkommen. Ihre Kurse in Körpertraining für Kinder an Schulen gestrichen. Versuche, über Video oder Scipe zu ersetzen, scheiterten. Es ist wie in allen handwerklichen Berufen. Neben Kenntnis ist praktisches Tun erforderlich. Jeder weiß, Ersatzteile kann man nicht auf digitalem Weg in Uhren einbauen. Ebenso wenig Fehlverhalten von Kindern digital korrigieren. Hier wie da nur durch Fachkenntnis und Hand anlegen. Bezahle Bahnfahrt und Pension, damit sie mich für ein paar Tage besucht. Ich sie umarme und küsse. Ihr Gesicht ansehe und sie meines. Von keiner Maske entstellt.

Zum Glück melden sich noch Freunde und deren Frauen. Per Telefon oder Email. Digital ist unsere Welt geworden. Leider Gottseidank, sonst hätten wir keinen Kontakt. Wüssten nicht, wie es Kindern, Freunden geht. Ob sie noch leben oder schon tot sind. Barbara Blattmann schreibt lieber Briefe von Hand. Desinfiziert sie und das Couvert, bevor sie sie mir schickt. Die pensionierte Studienrätin für Französisch ähnelt verblüffend Charlotte de Beaune, der Adligen und Geliebten Heinrichs von Navarra. Dem später berühmt gewordenen Henry IV. Ein zeitgenössisches Portrait im Buch ihres Mannes Ekkhard über einen der berühmtesten Könige Frankreichs animierte mich zu diesem Gedicht.

Du gleichst ihr, gleichst ihr nicht

*Eines wunderschönen Abends machte ich Bekanntschaft
mit Charlotte de Beaune und die Lerchen begannen in meinem Kopf zu trällern*

*Eines wunderschönen Abends gingen mir die Augen
auf: die gleiche kühle Stirn der gleiche spöttische Blick der
mehr verbirgt als er verrät*

*Eines wunderschönen Abends erkannte ich,
dass Leidenschaft im Aphorismus sich verbergen kann und
eingesparte Worte ein Geheimnis hüten*

*An demselben Abend noch verbannte ich die
Doppelgängerin in Meister Ekkhards Buchverlies,
um für Dich im sonnigen Garten die reifen Strophen
zu pflücken*

Tippe ich es heute wieder in dieses Buch, überfällt mich Melancholie. Wie oft trafen wir uns, um beisammen zu sein. Gegenwart zu genießen und Zukünftiges zu planen. Uns in die Augen schauten, wie in Eifeler Maare. Die tief blicken, aber nicht alles erkennen lassen. Gespannt auf Unbekanntes am liebsten. Fremdes, noch nicht geklärtes, begriffenes. Es zu Ende zu denken und Worte dafür zu finden. Um sie ins Gehirn zu brennen, abrufbar jederzeit. Wir umarmten einander wie Freunde eben. Bei Willkomm und Abschied. All das nicht mehr seit über einem Jahr. Termine geplant und wieder abgeblasen. Unsere Hoffnung wird arg strapaziert.

Nicht anders auch bei François Loeb, meinem Schweizer Schriftsteller-Kollegen. Seit er in Freiburg lebt, trafen wir uns wöchentlich. Zu einem Cappucino oder Latte Macchiato. Diskutierten über unsere Projekte. Lernten den anderen kennen, seinen Schreibstil, seine Weltsicht zu schätzen. Jetzt bleibt uns nur zu telefonieren und Emails zu schicken. Er schreibt Kurzgeschichten, gut beobachteter Alltag. Mit dem Charme skurriler Vieldeutigkeit. Jeden Tag eine neue.

Mein erstes Bühnenstück hat er gelesen und gemeint, es habe ihn amüsiert. Für mich ist «ROLLENTAUSCH» ein ernstes Anliegen. Ein Versuch, die Welt neu zu denken. Sogar Gott ins Handwerk zu pfuschen. Habe Eva als ersten Menschen erschaffen, nicht Adam. Weil Männer als seine Nachfolger bis heute den Anspruch erheben, die Nummer eins gewesen zu sein. Um es immer zu bleiben. Auch in Sachen Corona den Ton angeben. Obwohl Virologinnen in Interviews nachvollziehbare Aussagen formulieren. Nicht nur zu Ende gedacht, auch Worte gewählt, die jeder versteht. Professoren merkt man an, dass sie selbst begriffen, was sie uns vermitteln. Professorinnen dagegen erklären es so, dass wir selbst Probleme verstehen.

Jetzt, wo wir sie nicht sehen, fehlen uns die Freunde.

Der feste Griff ihrer Hand bei der Begrüßung. Blick durch die Augen ins Innerste eines Seins, das einmalig ist. Noch während wir uns umarmen die erste Frage: „Wie war 's in Lódz?"

Dieter Bingen ein Freund, schon bevor man ihn zum Direktor des Deutschen Polen-Instituts in Darmstadt ernannte. Er lud mich regelmäßig zu Veranstaltungen ein, denen ich wenn irgend möglich folgte. Sie dienten dem Austausch kultureller Leistungen beider Länder. Mit dem Ziel, Polen, das erste Kriegsopfer Hitlers, mit Deutschland zu versöhnen. Die Menschen und ihr Lebensgefühl, ihre Leistungen kennenzulernen. Um die ging es mir mehr als um organisatorische Details. Immer noch redet manch einer von Polacken. Menschen zweiter Klasse, wie zur Nazizeit. Mit Dieter erlebte ich das Gegenteil.

Polnische Wissenschaftler Menschen wie du und ich. Nicht anders Künstler, Ingenieure und Verwaltungs-Beamte. Politiker umgänglich, auch wenn man nicht damit einverstanden sein muss, dass ihr Regierungs-Chef Demokratie anders dekliniert. Und trotzdem von der EU mehr Gelder verlangt, die Folgen der Pandemie zu mildern. Als wäre er Sigismund der Große, von 1507 – 1548 König von Polen und Litauen.

Frieden herrschte und Wohlstand. Im Nachhinein das goldene Zeitalter genannt. Kunst und Wissenschaft aus ganz Europa dort versammelt. Begabte Architekten bauten Städte mit einladenden Plätzen und Palästen, die die Zeiten überdauerten. Krakau damals die Hauptstadt Europas. Mitte der damaligen Welt. Kann den Ministerpräsidenten schon verstehen. Wenn er sich wie der König von Polen fühlt. Auch, wenn ich seinen Namen bestimmt falsch ausspreche. Dieter buchstabierte ihn, damit ich mich nicht blamiere: Mora-wiéz-ki. Danke mein Freund.

Kurz vor der Pandemie lud ihn die Universität in Peking ein, seine Prinzipien zur Versöhnung von

Völkern zu erläutern. Er hat den Virus dort gelassen, woher er gekommen sein soll. Am Telefon klang seine Stimme wie immer. Er sei dabei, eine Chronik seiner Familie zu schreiben. Daten sammeln, Fotos, Dokumente. Fragt, antwortet, schreibt, telefoniert, mailt, bis er weiß, es ist kein Gerücht. Sein Großvater war ein Jude. Vater ein Halbjude, er selber ein Vierteljude – im Nazi-Jargon. Diese Zeit in diversen Verstecken leidlich überstanden. Von Nachbarn verpflegt und gewarnt bei Gefahr.

Möge ihm und allen positiven Menschen der Corona-Virus erspart bleiben. Und wir uns wieder umarmen. Ohne diesen nivellierenden Mund- und Nasenschutz, wie es Bürokraten formulieren. Im Internet unaufhörlich von neuen Herstellern wärmstens empfohlen.

Einer noch fällt mir ein: Heinz Jürgen Goslar. 1937 in dieselbe Sexta eingeschult wie ich. Damals hieß es noch «Hohenzollern-Gymnasium». Deutschen Kaisern zuliebe. Nach dem Krieg – Hitler passé – in «Görres-Gymnasium» umgetauft. Rheinländer Görres, katholisch wie alle Bewohner im Einflussbereich des Kölner Doms und seiner Bischöfe. Ehemaliger Hochschullehrer und Publizist Anfang des 19. Jahrhunderts. Zeitgenosse und Schriftsteller Jean Paul bezeichnete ihn als einen Mann, der aus mehreren Männern besteht.

Otto B. Roegele, Chefredakteur des Rheinischen Merkur charakterisierte ihn 1946: Görres habe das Herz eines Revolutionärs. Das historische Bewusstsein eines Konservativen. Den Scharfblick eines Naturforschers. Die Fantasie eines Dichters. Die Leidenschaft eines Publizisten. Görres, der dritte Name unserer Schule. Vor 475 Jahren als Jesuiten-Kolleg für Knaben gegründet. Die Andreas-Kirche direkt nebenan. Selber noch erlebt, dass in diesem barocken Gewölbe jedes Schulhalbjahr mit einer Messe eingefeiert wurde. Eine Stunde vor Beginn des Unterrichts. Mahnende Worte von der Kanzel auf nüchternen Magen. Kommuniziert und nicht gefrühstückt. Heute für Jungen und Mädchen breit angelegte Vorbereitung auf ein humanes Leben. Schwerpunkt: alte und neue Sprachen. Naturwissenschaften als Wahlfach oder in Kursen.

Klassenkamerad Goslar wurde zu aller Überraschung ein beliebter Schauspieler in Theater und Film. Auch Regisseur und Schauspiellehrer an Salzburgs berühmtem Mozarteum. Zuletzt telefonierte ich mit ihm, als er wie ich, in einem Seniorenstift lebte. Starb im letzten Jahr an den Folgen einer Corona-Infektion in Salzburg, seiner Lieblingsstadt. Hätte ihn gerne noch gefragt, warum er in Salzburg nicht den Jedermann gespielt habe. Er war kein Jedermann, sondern meine Mutter.

Erinnere meine Zeit als «Flakhelfer» im letzten Weltkrieg. Als wäre es heute. Wir sollten Soldaten an Flugabwehr-Kanonen helfen, feindliche Flugzeuge abzuschießen. Flugzeuge, die Deutschland mit Bomben zur Kapitulation zwingen wollten. 1944 gerade 17 geworden und ins Meldebüro bestellt. In Blaugrau gesteckt, Unterhose und Uniform. Fußlappen um die Füße gewickelt. In die Stiefel gezwängt, geschnürt, ruck, zuck. Koppel umgeschnallt. Tornister umgehängt inklusive Kochgeschirr. Am Riemen Stahlhelm und Gasmaske.

Für den Fall der Fälle.

Im ersten Weltkrieg wurden Granaten mit Chlorgas eingesetzt. Mit schlimmen Folgen: 100000 Tote und 1,2 Millionen verwundet, lungenkrank oder blind auf Lebenszeit. Jüngst noch ließ «Bashar al-Asad» in Syrien interne Feinde mit solchen töten. Masken hatten sie wohl keine wie wir damals. Erinnere mich noch genau. Übten x mal aufsetzen, absetzen, aufsetzen und festschnallen. Dicht am Kopf, bloß kein Gas einzuatmen. Dann im Laufschritt eine Stunde lang Runde um Runde drehen. Mir war, als müsste ich Gummi atmen, auch auf der Zunge schmecken. Zum Reinkotzen, diese Maske. Zum Glück brauchten wir sie in der Praxis nie.

Irgendwer hinterbrachte uns die Absicht der militärischen Führung. Das Training sollte uns gegen aufkommende Angst immunisieren. Und den damit verbundenem Ausfall des gesunden Menschenverstandes verhindern. So wie wir jeden Abend eine Pille gegen ungewollte Versteifung unseres Gliedes schlucken mussten. Obwohl keine Frau in der Nähe. Chef Oberst Übler befahl uns, vor dem Einschlafen noch in Hitlers «Mein Kampf» zu lesen. Lernen, wie Deutschland nach verlorenem Krieg 1914-18 wieder groß werden konnte. «Führer befiehl – wir folgen.» Die Parole dieser zwölf Jahre.

Unsere Stellung lag weit außerhalb der Stadt. Nahe einer Eisenbahnbrücke über den Rhein. Jedes der vier Geschütze ringsum von einem Erdwall geschützt. Schliefen in einer Baracke, wenn wir nicht wie alle Rekruten gedrillt wurden. Hinlegen! Aufstehen! Hinlegen! Aufstehen! An den Kanonen übten, Granaten akurat einzulegen. Und wieder zurück in den Bunker. Eine neben der anderen, die Spitzen der Granaten wie Stiefelspitzen bei einer Parade ausgerichtet. Nachts im Halbschlaf die

Ohren gespitzt, bis die Alarmglocke schrillte. Aufmarschmarsch zu den Geschützen, jetzt wurde es ernst. Entferntes Brummen feindlicher Flugzeuge kam näher und näher. Aller Nerven angespannt. Das schrille Geheul herabsausender Bomben ernüchterte mich, als ich in Gedanken Elsbeth, Nachbars Tochter küsste. Ohrenbetäubend der Krach, wenn sie explodierten, die Fetzen flogen.

Wieviel Bomben auf die Stellung fielen, nicht gezählt. Keine traf uns, nur zwei Baracken dem Erdboden gleich gemacht. Wie viel dieser feindlichen Flieger wir vom Himmel geholt, weiß ich auch nicht. Es werden nicht alle gewesen sein, sonst wären wir nicht in Gefangenschaft geraten.

Zweimal in der Woche kamen Lehrer unseres Gymnasiums in die Stellung. Uns in Deutsch, Religion und Mathematik zu unterrichten. Damit wir ein Not-Abitur machen konnten. Um später studieren zu können. Nach Kriegsende aber nicht anerkannt. Mussten in einem halbjährigen Kurs alles Versäumte nachholen. Meinen graugrünen Militärmantel hatte ich marineblau umgefärbt. Stoff-Farben die ersten lieferbaren Artikel nach dem Krieg. Aus Militär Zivilisten zu machen. Wäre gerne als Matrose zur See gefahren. Doch aus der Traum. Wie alle Träume, die nicht von dieser Welt sind. Also wieder zur Realität damals:

An Wochenenden hatten wir bis auf einen Notdienst in der Flakstellung frei. Nutzten es, wenn wir nicht zu den Eltern fuhren, in der Kantine bei Bier oder Kaffee zu quatschen. Unsere berufliche Zukunft diskutierten. Ich wollte Architekt werden. Andere Journalist oder Arzt. Einer Mathe-Lehrer, drei die Anwaltspraxis ihres Vaters übernehmen. Bis Karl Oswald Bauer sich ans Klavier setzte und Jazz spielte. Obwohl es bei Strafe verboten war. Negermusik sei eines Deutschen unwürdig. Dann brachte einer seine Trompete vom Wochenendurlaub mit. Ein anderer sein Akkordeon. Ein dritter seine Gitarre, ich meine Mundharmonika. Wir spielten frei und verjazzten bekannte Lieder. Und alle klatschten den Takt dazu. Schlugen mit Stöcken oder Besteck auf Holz von Tischen und Stühlen. Näherte sich ein Vorgesetzter, ließen wir es in seinen Ohren wie «Lilli Marleen» klingen. Bis einer die Idee hatte, Theater zu spielen.

Erinnere einen Sketch, weiß nicht von wem: «DIE SCHWEBENDE JUNGFRAU». Ich spielte die Jungfrau, Heinz Jürgen Goslar meine Mutter. Erinnere, ständig schob er seinen Busen an die Stelle, wohin er gehörte. Die Natur von Tennisbällen ist nun mal das Wechselspiel. Der Beifall war riesig, als ich mich hoch gehoben fühlte. Simsalabim – von unsichtbaren Händen getragenes Brett, auf dem ich lag. Die Illusion war vollkommen. Verdeckt die ganze Szene von irgendwas aus Stoff und bemaltem Packpapier. Die Spannung erhöht, vom sich ständig steigernden Glissando auf dem Akkordeon getrieben. Kaum noch auszuhalten. Spürte zum ersten Mal meinen Rücken auf dem Brett. Hart konfrontiert mit Hart. Das konnte nicht gut gehen. An eine Matratze hat niemand gedacht. Heute noch leide ich, denke ich an meine Jungfernzeit.

4

Es muss das Weibliche in mir sein, das mich umtreibt. Liebe Frauen mehr als Männer. Zeugte drei Töchter und hätte noch mehr können, wenn ich gekonnt. Ein Urologe hatte mich überzeugt. Empfahl mir, meine Samenleiter trennen zu lassen. Sonst hätte ich ewig Probleme mit der Prostata. Da sie mich schon lange zweifeln ließ, ein rechter Mann zu sein, gab ich ihm mein Jawort. Hatte weiterhin meinen Spaß. Allerdings ohne Folgen wie vorher. Verliebt war ich eigentlich immer in meinem Leben. Je älter ich werde, umso heftiger erregen mich junge Frauen. Suche einen Anlass, mit ihnen ins Gespräch zu kommen. Wie die Sehnsucht vieler in Corona-Zeiten nach den goldenen Zwanzigern. „Darf ich ein Foto von Ihnen machen?"

Oder „Ihr Buch scheint interessant zu sein." Anders als beim ersten Mal.

Gerade Zwölf überfiel mich die Liebe wie ein Virus. Kannte sie nur vom Sehen. Beobachtete sie erst vom Mansardenfenster aus und dachte: dumme Göre. Eine wie alle dieses Alters. Nichts gespürt, weder Lust oder Neugier. Bis eines Nachmittags auf dem Spielplatz. Vom Balltreten müde setzte ich mich auf eine Bank. Plötzlich stand sie vor mir. Ihre linke Hand ergriff meine rechte: „Komm tanzen wir Ringelreihn", sagte sie und gluckste. Riss mich hoch von der Bank, sodass ich an dem landete, was noch ein Busen werden sollte. Ursel hieß sie. Miese der Name ihrer Familie. Ganz und gar nicht miese meine Verfassung. Im Gegenteil. Mir war, als hätte ein Engel mich berührt. Von Kopf bis Fuß unter Strom gesetzt. Ein Gefühl wie Weihnachten. Besseres fiel mir nicht ein. Weihnacht war immer, wenn ich etwas geschenkt bekam, ohne es bezahlt zu haben.

Auch Corona ist ein Geschenk, sieht man es so: Keine Vorauszahlung geleistet, keinen Scheck ausgefüllt. Keinen Euro online überwiesen. Und doch erhalten. Bedauerlicherweise kann man ihn nicht zurückschicken. Wie Pakete von Amazon oder der Deutschen Post. Oder einen Schlafanzug von H&M zum Anprobieren daheim. Retournieren, weil eine halbe Nummer zu klein. Corona ist so klein, so miniminiwinzig und daher nicht zu sehen. Schon gar nicht ohne Elektronen-Mikroskop als gefährlichen Feind des Menschen zu identifizieren. Aber schön sieht Corona aus wie alles, von dem man nicht weiß, ob es gefährlich ist. Viren mit Zacken wie eine Krone oder sich selbst krönende Usurpatoren. Zurückschicken unmöglich.

Es sei denn, man begibt sich ins Gedränge und schmatzt jedem Gelbhäutigen einen Kuss auf die Backe. Einige wird 's schon erwischen. Ob der Virus allerdings nach China einreisen darf, kann man nur spekulieren. Dort könnte man ihn bei der Einreise-Kontrolle für eine Antistresspille halten und willkommen heißen. Dito einen geschrumpften, tiefgefrorenen Schlafanzug für Nacktschläfer. Der es Männern leichter macht, jetzt nach dem zweiten Kind Schluss zu machen mit Sex und Co.

Aufmunterungspillen für verliebte Vierzehnjährige wie mich würde man an der Grenze schon abweisen. Eher noch erschießen. Aufmüpfige Jugendliche sind gefährlicher noch als Corona-Viren. Dagegen hilft keine Impfung. Weder Maske noch Distanz.

Wer wissen möchte, was aus Otto und Ursel geworden, ob Miese jetzt Bringer heißt, den muss ich enttäuschen. Es war wie später mit Annemarie, Elsbeth, Veronika, Ruth. Sie alle infizierten mich, doch keine von ihnen blieb bei mir. Entweder waren es harmlose Viren, die Schnupfen oder Magengrimmen verursachen. Im Biologie-Unterricht lernte ich, dass Milliarden Viren im Körper des Menschen nicht krank machen, sondern gesund. Darmbakterien, die den Stuhlgang fördern. Um abzuführen, was der Mensch nicht unbedingt zum Leben braucht. Ob eine meiner früheren Geliebten diesen Reinigungsprozess beeinflusst hat, könnte ich nur beweisen, hätte ich Virologie statt Architektur und Kunst studiert.

Juanita, die letzte lernte ich kennen, als ich nach Kriegsende 1945 mit anderen meines Alters als Pfadfinder unterwegs war. Nachts am Lagerfeuer uns wärmten und sangen: „Ein Heller und ein Batzen, die waren mein, ja mein." Vom Turm einer Burgruine versuchten, am nachtblauen Himmel den Mann im Mond zu entdecken. Als plötzlich ein Nachtgespenst unsere Plattform betrat. Die weiße Larve vor nachtdunklem Gesicht das einzig Helle. Nachtschwarz ihr Umhang. Wendete ihn plötzlich und alles war weiß. Vermutlich ein riesiges, doppelt nutzbares Tischtuch. Für Hochzeits-Essen oder Leichen-Schmaus. Tänzelte um jeden von uns herum. Lüftete den Umhang ein wenig und ließ Rosa sehen. Acht junge Männer infiziert, dass sie sogleich erstarrten. Mich ansahen, als sie bei mir landete. Die wieder weiße Tischtuchseite fest um ihren Venus-Leib gewickelt: „Befreie mich aus diesem Kokon, bevor ich ersticke", flüsterte sie. Mein Gott, dachte ich, wie das täuscht. Ist sie unschuldig weiß oder schwarz wie die Nacht? Gut oder böse? Eine richtige Hexe vielleicht, die mich entmannen will? Riss mich aus allen Träumen und suchte das Weite.

Denke ich zurück an diese Nacht, weiß ich jetzt endlich, was Wissenschaftler leisten müssen. Unterscheiden zwischen Gut und Böse. Warum machen Politiker so viel Aufhebens um sie? Weil sie erst nach einem Jahr Resultate ihrer Forschung vorlegen. Einen Impfstoff gegen das Böse schlechthin: Covid 19. Menschenleben zu retten. Jeder Katholik schafft es nach drei, vier Wochen schon. Wenn er beichtet, er habe Böses in sich entdeckt und leider auch danach gehandelt. Pfarrer verzeihen es ihm im Namen Gottes: „Ego te absolvo". Segnen ihn und verordnen drei Vaterunser als Buße. Immunologen, Epidemiologen, Virologen erhalten sogar noch ein Honorar für das, was sie als böse erkannt und gebeichtet haben. Einer Öffentlichkeit, die es wissen will. Wissen muss, sonst könnte sie die Steuern verweigern. Und es gäbe es keine Honorare.

Bin abgeschweift. Von jugendlichen Erlebnissen, oft Träume und deshalb irreal. Leser wissen, dass ich glücklich verheiratet war. Zweimal sogar. Das letzte Jawort gab ich Rose, meiner zweiten Frau. Ein Jahr nachdem Marga, meine erste, Opfer eines dubiosen Zweifel-Virus wurde. Auch Rose überfiel nach 28 Jahren unerhörten Glücks ein Virus. Seit Corona wird für mich vieles von bösartigen Mikroben ausgelöst. Alles, was krank macht, tot und ein schlechtes Gewissen hinterlässt. Ein solch heimtückischer Virus überfiel meine Rose, verschloss ihren Darm. Sah ihr schmerzverzerrtes Gesicht und rief den Arzt, Der überwies sie in die Klinik. Einmal, zweimal, dreimal hintereinander in kurzen Abständen. Beim dritten Mal noch ein Tumor im Gehirn. Blieb in der Klinik, konnte nicht schlafen. Alle meine Gedanken, mein eigenes Schicksal an die Hoffnung geklammert, sie gesund wieder nachhause zu holen. Musste lange vor dem Aufwachraum warten, nervös und gleichzeitig auf sonderbare Weise entspannt.

Beobachte Ärzte und die sie umschwirrenden Kranken-Schwestern. Alle trugen eine Maske. Wie sie Ärzte tragen bei Operationen. Corona noch kein Thema. Was aber sonst könnte der Anlass sein, sich zu schützen. Eine Grippe ausgebrochen? Es war November, in dem vernünftige Leute sich impfen lassen, den Winter gesund zu überstehen. Vitamin C schlucken in Pillenform. Oder Eukalyptusbonbons lutschen. Fragte den Arzt, von dem ich wusste, er ist ein Italiener: „Dottore, come sta mia moglie?" Wie geht es meiner Frau?

Nahm mich beiseite, anteilnehmend seine Stimme: „Scusa signore, ihr Herz versagte kurz vor der Operation. Mit dem Einsatz aller gelang es, sie wiederzubeleben. Die Krebszellen im Gehirn restlos entfernt. Jetzt schläft sie, kommen Sie morgen wieder." Nahm die Maske vom Gesicht und war kein Doktor mehr. Nur noch ein mitfühlender Mensch. Dass sie nach drei Darmdurchbrüchen auch noch Krebs hatte, ergab die Voruntersuchung zuletzt. Dachte noch lange nach ihrem Tod daran, wie sie sich gefühlt haben könnte, als sie es erfuhr. Hätte ich sie trösten können?

Experten und Politiker äußern sich derzeit unentwegt zum Thema Corona. Vorwiegend im Fernsehen. Man sollte wissen, dass es ihre subjektive Meinung ist. Maske vor dem Gesicht verdeckt, was sie dabei fühlen. Starren auf den Prompter. Als müssten sie den informieren. Statt Zuschauer vor den Geräten. Reden von Inzidenzen, über Zurückverfolgung und Lockdown bis ultimo. Warnen mit jedem Wort. Keines, das tröstet, beruhigt, streichelt. Mitleid ist ein Fremdwort geworden. Zumindest in Kreisen der Verantwortlichen unserer Republik. Die Bundestagswahl im Herbst droht mit Verlusten für die etablierten Parteien, wenn sie so unbeteiligt weitermachen. Nur warnen und verbieten, statt zu trösten.

5

Immer noch Dienstag, der 2. Februar. Etliche Seiten geschrieben, die Sie gelesen haben. Und Ihre eigene Meinung bestätigt fanden – hoffe ich. Jeder hat seine eigene Wahrheit, so kommt es mir vor. Die absolute Wahrheit gibt es nicht. Seit Albert Einstein die Relativität allen Seins entdeckte, glauben immer weniger an einen Gott. Mag der abgedankte deutsche Papst Benedikt XVI. die Wahrheit des ewigen Gottes noch so inbrünstig betonen. Es ist sein Job.

Frage mich: Ist der Corona-Virus jetzt die neue Wahrheit? Absolut und unumstößlich? So scheint es. Oder ein Phänomen, ein Produkt von Verschwörungs-Theoretikern? Nur um zu stänkern, zu verunsichern, Stimmen zu fangen. Das Internet ihre Bühne. Eines ist sicher, Corona ist das große Thema. Mit dem man Menschen fangen, aber auch verdienen kann.

Pharma-Konzerne zum Beispiel, die Medikamente entwickeln. Früher als gedacht die ersten verfügbar. Leider zu wenig. Mehr könnten es sein, gäben sie ihre Patentrechte frei an andere, kleinere Spezialisten. Es würde helfen, den momentanen Engpass zu beseitigen. Menschenleben retten.

Auch in armen Ländern Ärzte ohne Grenzen helfen, hätten sie genügend Impfstoff.

Masken aber en Masse von Herstellern im Internet. Täglich, ja stündlich neue Anbieter. Preise fallen. Alle wollen an Corona verdienen. Auch Virologen. Wegen ihres Sachverstands zahlt man ihnen hohe Honorare. Sind sie doch die einzigen, denen wir vertrauen können. Vertrauen müssen, betonen Politiker immer wieder. Die Masken vor Nase und Mund, sodass Schwerhörige sie falsch verstehen. Und deshalb sterben müssen. Weil sie schwerhörig sind. Ihren Arzt nicht verstehen und keine Maske aufsetzen. Während der Virus die Zellen ihrer Lunge, eine nach der anderen genüsslich vertilgt.

In der heutigen Neue Zürcher Zeitung lese ich Interviews mit Virologen und Klinikchefs. Von Sondersitzungen des Bundesrates in Bern, Milliarden locker zu machen. Systemrelevanten Firmen und kleinen Selbstständigen Corona bedingte finanzielle Ausfälle zu ersetzen. In Deutschland fordern Kulturverbände, Künstler jeder Couleur, sie zu unterstützen. Ihre Arbeit sei auch systemrelevant. Die Wertschöpfung ihrer Arbeit ist doppelt so hoch wie die der Autohersteller. Ein Drittel höher als die der gesamten Telekomunikation. Aber Merkels Mühlen mahlen langsam. Nicht einmal alle Gesundheitsämter sind digital vernetzt. Um Infektionen rasch zurück zu verfolgen. Von flächendeckenden Schnelltests keine Rede. Das einzig wirksame Mittel, der Pandemie Herr zu werden.

2. Februar 2021. Die Biedermeieruhr auf dem Klavier zeigt Mittag 12:05. Höchste Zeit, die Bügelwäsche abzuholen. Ich muss immer mal wieder hinsehen, den Gang der Zeiger verfolgen, um den Termin nicht zu verpassen. Meine Armbanduhr hat ihren Geist aufgegeben. Das Uhrengeschäft geschlossen. Seit Corona die Zeit diktiert, schließt meine Reinigung um 12:30 Uhr. Pünktlich wie ein Maurer verlässt die Inhaberin ihr Geschäft. Öffnet von 10:00 bis 12:30 Uhr, dreimal die Woche. Ob sie auf ihre Kosten kommt? Die Miete bezahlten kann mit Einnahmen an nur drei halben statt früher sechs ganzen Tagen? Und was machen alle die Leute, die gewohnt sind, täglich ihre Bettwäsche zu wechseln? Reinlichkeitsfanatiker müssen verzweifeln. Sich umbringen lieber als in der Wäsche von gestern schlafen. Auswandern hilft nicht. Corona ist überall.

Da fällt mir ein, Maria in Colonia San Jordi auf Mallorca könnte helfen. Wie ich sie kenne, macht sie möglich, was unmöglich scheint. In ihrem Kramladen «Comestibles» alles, was Menschen brauchen. Brot, frisch geschlachtete Hühner, noch warme Eier, Sonnenöl, Spülbürsten, Stopfgarn, Fingerhüte und Heiligenbildchen. Dienstleistungen wie Kuchenteig rühren, Blumen eintopfen oder Wäsche waschen und bügeln eingeschlossen. Könnte als Pensionist meinen Lebensabend dort verbringen. Spanisch essen und endlich «Auf der Suche nach der verlorenen Zeit» von Marcel Proust lesen. Bis ich die 4215 Seiten gelesen und begriffen habe, ist die Pandemie sicher vorbei.

Ob die Inselverwaltung mich reinlässt, weiß ich nicht. Obwohl es aussichtsreich scheint, Touristen werden angelockt. Anzeigen in Zeitungen. Plakate in Reisebüros versprechen Sonne, gesundes Essen und Distanz. Noch fliegen Ryenair und TUIfly. Schaufeln weniger, aber immer noch genug Sonnenhungrige auf die Insel. Sodass Hotels und Finkas wenigstens so viel erwirtschaften können, um einige Köche, Kellner und Zimmermädchen weiter zu beschäftigen. Schätze, jeder Fremde wird willkommen geheißen. Was aber, würde trotz Sonnenschein und frischen Orangen der Corona-Virus von irgendeinem ahnungslosen Touristen eingeschleppt? Nicht an jeder Kontrollstelle am Flughafen in Palma Schnell-Tests. Deutschland sich weigert, ihn wieder in seine Arme zu schließen. Er und alle anderen Deutschlandflüchtige dort bleiben müssen. In Quarantäne bis zum Sanktnimmerleinstag?

Überlege, wie könnte ich die Tage verbringen, wenn ich Proust ausgelesen habe? Zum Schreiben zu faul. 24 °C Luft-Temperatur zu hoch, meine geschwächten Knochen zu bewegen, denk ich an Corona. Langeweile mich überfiel. Nicht lange und ich hatte die Idee, Bücher meiner Bibliothek mitzunehmen, die ich noch nicht gelesen. Werde die leeren Plätze im Flieger mit ihnen besetzen und hoffe, sie lassen es zu. Jeder weiß, seit Corona bleiben viele Plätze unbesetzt. Nicht nur aus Gründen der Distanz. Manche Stewardess wird sich freuen, Churchills Memoiren einen Kaffee anzubieten, ein Schnupftuch gratis dazu. Old Englands Premier litt unter Nasenjucken, seit dieser Hitler an der Macht war. Und hörte erst auf, als Deutschland besiegt und zerstört am Boden lag. Noch vielen Helden und Heiligen meiner Bibliothek könnte ich einen Platz reservieren. Den freundlichen Flugbegleiterinnen das Gefühl geben, nichts hat sich geändert.

Ob auch an Bord Maskenpflicht? Wie jetzt auf Straßen und öffentlichen Plätzen. Die weiße, medizinische, nicht die blaue aus simplem Stoff. Stewardessen mag jeder männliche Fluggast. Adrett gekleidet, meist dunkelblau, minimal Gold bei der Swiss-Air. Höflich jeder Ton aus dezent geschminkten Mündern. Stelle sie mir vor mit Maske. Alles, was sie ausmachte, der ganze Charme einer jungen Frau perdu? Perdu wie verlorene Zeit. Perfekt in Englisch formulierte Frage nach Wünschen des Gastes in Geräusch verwandelt. Seit ich gezwungen bin, mit Maskenträgern zu reden, verstehe ich mich nur selber. Weil vorher schon in meinem Kopf zurecht gelegt. Das meines Gesprächspartners wie gemurmelt, im Rohzustand gewissermaßen. Sie merken es an meinen irrlichterndem Blick. Beginnen lauter zu sprechen, schreien. Sodass andere sich einmischen. Weil sie denken, es ginge um Corona. Nicht zu fassen, wie viele Experten auf diesem Gebiet unser Leben mit Erkenntnissen bereichern wollen. Scheinen die Wahrheit gepachtet haben. Ob es auf Mallorca, der Insel der Seligen, anders ist?

Letzte Nachrichten melden 30 % arbeitslos. In vielen Städten Suppenküchen eingerichtet, Betreuerinnen unterwegs, das Schlimmste zu verhüten. Suizide werden gemeldet. Den Boom der letzten Jahrzehnte scheint der Corona-Virus endgültig abgewürgt zu haben. Der Vorteil, ringsum von

Wasser umgeben zu sein, hat nicht geholfen. Im Gegensatz zu anderen. Australien und Island ließen erst keinen, später dann nur Touristen mit einem Impfpass ins Land.

Inzwischen ist Nachmittag. Sonne blinzelt durchs wolkige Grau. Lässt auf meinem Schreibtisch die Klinge aufblitzen. Mit der ich DIN A 4 Papier in zwei DIN A 5 Formate schneide. Mein Drucker frisst nur dieses Format. Ich habe mich daran gewöhnt. Auch der Verlag, dem ich meine Manuskripte per email schicke. In der Woche, bevor alle Geschäfte schließen mussten, druckte ich mein schönstes Foto aus. Den Löwenbrunnen in der Alhambra. Architektonisches Juwel aus der Maurenzeit in Granada, Andalusien. Auf Hochglanzpapier. Wollte es der Verkäuferin meines Schuhgeschäftes zeigen. Temperamentvolle Spanierin. Schon beim ersten Besuch an Sprache, Gesten und Tempo erkannt und angesprochen: „Buenas dias Señora. Como estát usted?"

Das schmale Gesicht unter schwarzer Haarfülle von einer Maske geteilt. Die untere Hälfte nur zu ahnen. Runde sie nach meiner Vorstellung ab. Lippen wie Küsse. Ein schlanker Hals mit Grübchen. Und weiter südwärts, mehr geahnt als gesehen, zwei niedliche Erhebungen. Dann wieder nüchtern: Sei freundlich, befahl ich mir, nichts anderes als freundlich. Bat sie, eine Sekunde die Maske vom Gesicht zu nehmen. Erwartend, sie wird noch schöner sein als ich zu hoffen wagte.

Gleichzeitig rissen wir unsere Maske vom Gesicht. Wer bist du, unbekannte Frau? Wer bist du, unbekannter Mann? Drei Sekunden gönnte sie mir. Als wollte sie in meinem Gesicht den echten Bringer erkennen. Vielleich auch sah sie mir an, dass sie mich glücklich gemacht? Dreimal glücklicher, falls Adam Riese Recht hat: 3 x 1 = 3. „Adios Begonia, à la proxima vez." Von Glücksgefühlen überwältigt total vergessen, ihr das Foto zu zeigen.

Jetzt ist ihr Geschäft geschlossen. Das Gitter herabgelassen. Und ich entschlossen, zuhause zu bleiben. Des Spaniers Federico Garcia Lorcas «Bluthochzeit» lesen. Um mit ihr darüber zu diskutieren. Sobald die Regierung – hoffentlich bald – die Läden wieder öffnet.

Das Theaterstück eine Tragödie. Wir sahen sie im Düsseldorfer Schauspielhaus und haben nicht ganz begriffen, um was es ging. Lorca geißele die archaische, sittenstrenge Gesellschaft. Die Frauen sexuelle Lust verbietet. Hieß es in Rezensionen. Viel Symbolik: Ein Bräutigam, dessen Braut bereits Verlobte eines anderen ist. Seine Mutter ständig mit einem Messer in der Hand. Ein sprechender Mond, Tod in Gestalt einer Bettlerin. Pferd Symbol für maskuline Stärke, Durchsetzung, Gewalt und Potenz.

Ob ich klüger bin, wenn ich das Libretto gelesen? Corona drängt sich auf, verändert die Gesellschaft nicht nur in Deutschland, Europa, sondern alle Völker dieser Welt. Wirbelt Gefühle durcheinander. Unterdrückt Gelüste gewaltsam per Gesetz. Ohne einen Unterschied zu machen zwischen Männern und Frauen. Wer mag wohl am meisten darunter leiden?

In Lorcas Tragödie ist es die Frau. Sie bleibt allein, derweil die beiden Männer sich gegenseitig umbringen. Auf unsere Coronazeit appliziert, könnte die Handlung folgendermaßen ablaufen:

Der erste Mensch in China infiziert. Ein Mann? Eine Frau? Keiner weiß es so genau. Nehmen wir an, es war ein Mann. Dieser Mann will eine Frau heiraten, die er seit längerem liebt und begehrt. Verführt sie und schwupps saß der Virus im Leib seiner Braut. Die aber hatte vorher bereits Geschlechtsverkehr mit einem anderen und schon Corona empfangen. Nun geht es darum, wer wird sie heiraten? Der sie zuerst oder der sie danach ansteckt? Es streiten die beiden pro forma, ohne sich zu kennen. So wenig genau wie man es auch mit der Sexualität nimmt.

Die Mutter des Bräutigams aber Frau einer vergangenen Zeit. Als Sitte nicht nur ein Wort im Duden. Auch in der Wirklichkeit der Menschen. Maß und Mittel, miteinander auszukommen. Sie hetzte ihren Sohn gegen den anderen auf. Lässt provokativ das Fleischmesser auf dem Tisch liegen. Schüttet in seinen Kognak «Cardenal Mendoza» noch eine Dosis Kokain. Mahnt ihren Sohn zum Schluss, die Ehre der Familie zu retten. Der, gehorsam bis zum Tod, fährt zur Braut und trifft bei ihr seinen Vorgänger an. Da wallt sein Blut, im Kopf nur Rache. Sticht auf den Konkurrenten ein. Der seinerseits griff zu einem Beil und wehrte sich. Das Ende dieser Schlachterei können Sie sich vorstellen. Wer hat mehr gelitten? Jetzt dürfen Sie raten.

Mich aber quält die Frage: Ob auf die spanische Schöne in Freiburg nach Feierabend ein Ehemann wartet? «Begonia Carlier» auf ihrer Geschäftskarte. Begonia eine Blume, die ich zu lieben beginne. Carlier ein Störenfried. Versuche mich zu beruhigen: Carlier wird der Name ihres Vaters sein. Zweifel nagt und hört nicht auf. Vater oder Ehemann? Erst, wenn ich es genau weiß, werde ich einen Flug buchen. Und entscheiden, ob es nach Palma de Mallorca oder Malaga in Andalusien gehen soll. Der Heimat meiner unbekannten Schönen.

Wäre doch die verdammte Corona-Pandemie da, wo ewiges Feuer der Hölle sie verbrennt. Ohne Spuren zu hinterlassen. Auch wenn es Gotteslästerung ist, ich wage es, diesen Gott zu bitten: Herr, befehle Deinen Engeln, alle Corona-Viren sofort und auf der Stelle zu verbrennen.

6

Gott aber kümmert sich nicht um Extravaganzen. Es heißt, er habe allen Menschen Verstand ins Gehirn gepflanzt, Gut von Böse zu unterscheiden. Die Kirche gegründet, um selbst Totsünden wieder loszuwerden, wenn sie gebeichtet werden. Warum hat er nicht auch Tieren die Fähigkeit gegeben, Gut und Böse zu unterscheiden? Sünden zu bereuen und sich vornehmen, nie mehr zu sündigen? Es wären keine Christen in den Arenen der Römer von hungrigen Löwen oder Tigern angefallen und gefressen worden. Kein Schienbein des Reiters vom eisenbeschlagenen Huf seines Pferdes zertrümmert. Keine Malaria mehr, weil auch Moskitos niemandem Bösen antun wollen. Ganz zu schweigen von den Wesen, die man nur mit extremer Vergrößerung unter dem Elektronen-Mikroskop erkennen kann. Corona oder Covid 19, wie es irreführend oder korrekt genannt wird.

Angenommen, es wäre so wie ich dachte. Dann hätte auch der Virus ein schlechtes Gewissen und wollte beichten. Bekennen, ich habe gesündigt wider den Geist Gottes. Höre schon sein fistelndes Stimmchen:

„Verzeih mir lieber Gott. Bitte spreche mich von allen Sündenstrafen frei. Ich will mich bessern und nie wieder eine menschliche Zelle okkupieren. Und wenn ich selber dabei draufgehe. Gern will ich mich bemühen, ohne Nahrung zu überleben. Bis Du mich nach meinem Tod in Deinen Himmel holst."

In einem solchen Fall gäbe es einige Probleme. Erstens machten sich jetzt Kirchen-Austritte und fehlender Priester-Nachwuchs bemerkbar. Wie sollen die wenigen übrig gebliebenen Schwarzröcke Milliarden Viren die Beichte abnehmen? Selbst wenn man die Bänke aus den Kirchen räumte. Nur noch dicht an dicht Beichtstühle neben, vor- und hintereinander stellte. Aber wie die Zahl der Beichtväter erhöhen? Ließe man sie eine Frau heiraten und Kinder zeugen, wäre ein Anfang gemacht. Aber Corona ist da und wartet heute schon auf Vergebung seiner Sünden durch den Stellvertreter Christi.

Frage mich auch, welche Sprache sollten Corona und Beichtväter sprechen, damit sie sich verstehen? Priester den Virus und der den Mann im Beichtstuhl. Der im Namen Gottes jeden von seinen Sünden losspricht, der es bereut. Der erste Virus wird Chinesisch sprechen, andere Englisch, Dänisch,

Kisuahelisch. Kölner Dialekt, oberbayrischen oder alemannischen. An den Priesterseminaren müssten sie Latein durch alle Wörterbücher der Welt ersetzen. Oder in einem Schnellkurs Priestern die Fähigkeit vermitteln, Viren Latein beizubringen.

Da fällt dem ehemaligen Katholiken ein, an hohen christlichen Feiertagen, Weihnachten und Ostern spricht der Papst vom Balkon des Petersdoms in Rom den Segen «Urbi et Orbi». Mit dem allen Menschen auf dem Petersplatz die Sünden vergeben werden, wenn sie es glauben.

Der Platz ist groß. In den Jahren 1556 – 1567 von Gian Lorenzo Bellini geplant und erbaut. In Form einer einseitig offenen Ellipse, an ausgebreitete Arme erinnernd: Willkommen, die ihr mühselig und beladen seid. An der breitesten Stelle 240, in der Tiefe 340 Meter, 35.300 Quadratmeter Fläche. Es müsste reichen für etliche Trillionen Covid 19. Sie werden sich in diesem Eirund wohl fühlen wie in einer menschlichen Zelle. Und endlich spüren, wie es ist, wenn in einer vollen Tram alle Fahrgäste Aerosole ausstoßen, allein schon wenn sie atmen. Und sich gegenseitig umbringen. Schön wär 's, wenn Corona-Viren katholisch wären. Auch alle, die Tuberkulose, Influenza, Malaria und Aids verursachen.

Nach Kriegsende waren alle Kirchen voll. Das Volk sehnte sich nach Wahrheit. Einer Wahrheit, die nicht droht, sondern verzeiht. Der Nazi-Virus steckte noch in allen Unterhosen. In Socken und mit Goldkordel verziertem Stirnband abgelegter Kopfbedeckungen. Parteiabzeichen nicht im Mülleimer gelandet. Sondern auf 's Innen-Polster der Original-Schachtel gebettet. Zugeklappt und im Tresor allen Blicken entzogen. Man weiß ja nie. In allen Alben Fotos von Männern in Uniform. Braunen von Parteibonzen und Hitlerjungen, der SA. Schwarzen der Leibstandarte Adolf Hitler mit dem Totenkopf. Millionen graugrüne ehemaliger Soldaten. Von denen ein Großteil Millionen Juden auf dem Gewissen hat. Befehlen gefolgt und nicht ihrem Gewissen.

Dieser Virus scheint nicht ausgestorben zu sein. In Köpfen unbelehrbarer Neonazis lebendig. Reichsbürger verteidigen sogenannte legale Interessen eines deutschen Reiches, das es nicht mehr gibt. Grenzen schließen, ihre Parole. Flüchtlinge seien Parasiten, Viren, die unsere Gesundheit gefährden. Und deshalb draußen bleiben müssen. Sollen sich andere darum kümmern. Wir sind nicht schuldig, wenn 's schief geht.

1945 hämmerte Jesuitenpater «Johannes Leppich» den Deutschen ein: Wir alle sind schuldig. Wir, Gottes eigene Kirche mit Papst, Bischöfen und Pfarrern. Bis auf Kardinal von Galen schwiegen alle zu den Nazi-Verbrechen. Ein ganzes Volk traute sich nicht, auf die Straße zu gehen. Wäre es geschlossen aufgestanden, hätten Nazis die Flucht ergriffen. Wenige, die es riskierten, wurde der Prozess gemacht. Zum Tod verurteilt durch Erhängen, als wären sie Verbrecher. Selbst dann noch glaubte man an den Endsieg der deutschen Rasse. Wer nicht begreift, begreifen will, was geschah, macht sich schuldig an unseren Kindern. Die Presse nannte Leppich das «Maschinengewehr Gottes.»

Man kann sich fragen, ob nur Viren in der Lunge einen Menschen töten. Der Virus im Kopf nur ein Wort, eine Idee. Abstrakt, aber auf Sicht tötet er ebenso. Leider kann dann kein Virologe helfen, kein Immunologe. Keine Maske schützt und kein Impfstoff macht immun. Die Menschheitsgeschichte beweist, dass Pest, Cholera und Grippe kommen und gehen.

À propos Pest. Auch damals banden sich Ärzte eine Maske vor 's Gesicht. Schnabelmasken mit doppelter Funktion. Sich vor Ansteckung zu schützen und ihre kranken Patienten mittels dieser Schnäbel per Distanz zu füttern.

Viren, die den Körper schwächen, kommen und verschwinden. Viren in den Köpfen aber bleiben. Mit und ohne Maske. Von irgendwelchen Schnabelmasken am Leben gehalten. Kriege beweisen es. Auch heute noch, trotz UNO-Blauhelmen und Friedens-Nobelpreisen. Christliche Kirchen quälen Überlebens-Sorgen. Der Koran wird falsch verstanden. Töte jeden, der nicht an Allah glaubt heißt nicht, ihn umbringen. Sondern als überzeugter Moslem andere überzeugen. Mit klug gewählten Worten und Argumenten. Gelingt es, ist er kein Feind Allahs mehr. Gewissermaßen tot. Ob Christen aus ihrer Vergangenheit gelernt? Als sie Muslime aus ihren Ländern vertrieben oder umgebracht. Karl der Große Tausende des Sachsenvolkes töten ließ, weil sie nicht an seinen Gott, sondern an Irminsul glaubten. Ist es so schwer, Menschen zu akzeptieren, die anders sind? Anders denken, anderes für wichtig halten.

Heute ist unser Denken nicht mehr vom Glauben an ein Jenseits geprägt. Sondern an den Kapitalismus. Sein einziges Ziel: Mehr, mehr, mehr. Als hätten wir genug Platz. Genügend Ressourcen zur Verfügung. Die meisten jetzt schon ausgebeutet, wie die Natur. Für das Klima unentbehrliche Urwälder gerodet, Weideflächen oder Ackerland zu gewinnen. Rindfleisch und Soja in alle Welt exportiert, Millionen zu verdienen. Die Meere verseucht mit Resten unserer, ach ja so fortschrittlichen Zivilisation. Das Klima rächt sich bereits seit einigen Jahren. Und jetzt noch die Pandemie. Schwächt unsere Wirtschaft. Bringt das Gesundheits-System an seine Grenzen. Schränkt das Grundrecht persönlicher Freiheit ein. Weckt Sehnsucht von immer mehr Menschen nach einer starken Hand im Staat. Demokratien gefährdet. Corona, ein winziger Winzling hat der ganzen Menschheit die Wahrheit ins Gesicht geschleudert. Schon meint man seine Stimme zu hören:

„Ich habe Eure schöne, globalisierte Welt mit grenzenloser Freiheit zum Stillstand gebracht. Ihr Menschen mit eurem großen Sachverstand habt kapituliert."

Noch haben wir Zeit, die richtigen Konsequenzen daraus zu ziehen. Nicht nur in materieller Hinsicht. Hätten doch Menschen mehr Mut, den Nächsten zu akzeptieren. So wie er ist, wie er fühlt und was er denkt. Wie sie selber akzeptiert werden möchten, mit allen Vorzügen und Schwächen. «Liebe deinen Nächsten wie dich selbst» muss man nicht wörtlich nehmen. Nur eine biblische Umschreibung des Auftrages, andere glücklich zu machen. Um selber glücklich zu sein. Ohne Maske noch ein wenig mehr.

7

Immer noch ist Dienstag, der 2. Februar 2021. Das Außenthermometer zeigt 0°C. Es regnet. Einzelne Tropfen vereisen und werden Flocken. Kristalline Gebilde, die sich mit anderen verbinden, um größer zu werden. Endlich schneit es. Alles, was auf der Erde seit Jahren darauf wartet, weiß einzudecken. Männer binden die Skier schon aufs Auto. Die Ski-Klamotten bereit. Kinder freuen sich schon aufs Schlittenfahren. Männer aus Schnee zu bauen. Ihnen zwei Kohlen und eine Möhre in den Kopf zu stecken, damit es ein Gesicht mit Augen und Nase ist. Sich freuen, wenn er im Vorgarten den Polizisten spielt. Noch mehr, wenn er schmilzt und nicht mehr da ist. Und sie machen können, was sie wollen.

Gespannt, ob einer dieser Schneemänner eine Gesichtsmaske bekommt? Kinder sind lernfähig. Man muss es ihnen vormachen, dann machen sie es nach. So einfach ist das mit dem erwachsen werden.

Erwachsen sein dagegen schwer.

Will ich zum Beispiel eine Maske auf das Gesicht eines Schneemannes setzen. Gängige FFP2 viel zu klein für den dicken Kopf aus Schnee. Unförmig ist er obendrein. Ohren keine, um Bändel umzulegen. Aus was könnten Ohren sein? Simpel wie Kohle und Möhre, dass Kinder es nachmachen können. Fürchte, sie sind schlauer als ich und wissen: Ein Schneemann braucht keine Maske, weil er kein Mensch ist. Keine Lunge hat, die krank werden kann. Sterben wird er sowieso. Wenn die Sonne lange genug scheint. Dann schmilzt er im Nu und wird das was er war: Regenwasser, bevor es zu Schnee gefror.

Da kommt ein Junge aus dem Reihenhaus schräg vor meinem Fenster. Zehn, zwölf Jahre, schätze ich. Stellt sich vor einen der Schneemänner im Vorgarten. Breitbeinig, wie ich vor dem Spiegel in meinem Bad. Als wollte er 's ihm zeigen. Breitet beide Arme aus, in den Händen rechts und links irgendwas Rundes. Rasch das Fernglas ans Auge. Aha, es sind Muscheln. Große von «Huile de Sante Jaques», Jakobsmuscheln. Steckt sie leicht in den weichen Schnee rechts und links. Drückt noch ein wenig nach, sodass nur die halbe Muschelschale herausguckt. Große Ohren eines großen Mannes aus Schnee. Bindet ihm einen großen Lappen vor Gesicht. Von großen Ohren noch gehalten. Aus Schalen der leckersten Muschel, die es gibt. Das Außen-Thermometer an meinem Fenster zeigt 0 ° Celsius.

Eh ich mich versehe, ist der Junge weg. Kommt wieder, an einer langen Strippe ein Haarföhn. Geht um den Schneemann und bläst ihm Heißluft ins Gesicht. Sodass die Maske flattert. Geht rundum den ganzen kompakten Körper und bläst ihn an. Vom Kopf bis zu dahin, wo normalerweise Füße Männern erlauben, senkrecht zu stehen. Ruft wie einstudiert:

„Ich hasse dich Corona. Damit du es weißt, bald wirst du kein Feind mehr von Mama und Papa sein. Und allen Menschen auf unserer Straße. Menschen auf der ganzen Welt. Weil ich dir das Leben aus dem Leibe blasen werde. Die Maske wird dir nichts nützen, pass auf."

Der Föhn auf vollen Touren, weht die Maske herunter, eines der Ohren ab. Die Stimme des Jungen jubelnder Sopran:

„Corona, du bist nicht nur der Menschen Feind. Du bist mein ganz persönlicher Feind. Und deshalb werde ich mit dem Föhn solange blasen, bis nichts mehr von dir übrig bleibt als eine Pfütze. Es lebe Mamas Föhn. Er kann nicht nur Haare trocknen. Auch einen Corona-Virus dahin befördern, wo nichts mehr ist als heiße Luft."

Grinst zu unverschämt für sein Alter und föhnt, föhnt, föhnt. Bis der Zweimetermann in sich zusammengesunken. Um nicht mehr zu sein.

Kind müsste man sein, um das zu können. Es hat den Anschein, als scheue der Virus, Kinder zu befallen. Alte Menschen dagegen bevorzugte Opfer von Covid 19. Ob er sich fürchtet, weg geblasen zu werden? Sich in nichts aufzulösen? Oder ist junges Immunsystem noch intakt und leistungsfähig? Selbst wenn sie infiziert sind, überstehen sie es schneller. Erwachsene sind vorsichtig, um nicht ängstlich zu sagen. Lassen sich von Zauberformeln verführen. Schlucken täglich einen Teelöffel XXX, das Immunsystem zu stärken. Leistungssportler sollen Weltmeister und Krebskranke schneller wieder fit werden. Verkneife mir, Namen zu nennen, es ist eh schon viel zu viel Werbung im Internet. Niemand soll an Corona verdienen.

Egal was ich suche, zuerst springen mir Anzeigen ins Gesicht. Corona, Corona das Thema. Politiker, Mikrobiologen, Immunologen beraten. Weil sie nicht raten, verraten wollen oder dürfen. Masken die Fülle, bremsen die Verbreitung von Viren und kosten den Bürger Geld, jeden Tag eine neue. Schlaue Hersteller wissen das und bieten Masken an, die man waschen darf, ohne dass sie ihre schützende Wirkung verlieren sollen. Selbstreinigung der neueste Hit. Farben und Muster jede Menge. Riesenmünder rot aufgedruckt oder ein grinsendes Gebiss. Blümchen sah ich, einen schwarzen Schnurbart. Für jeden etwas, wie in der Mode. Die wird trotz Pandemie online gekauft, was das Zeug hält. Irgendwas muss doch Spaß machen. Wenn es die Werbung nicht gäbe, säßen wir auf dem Trockenen. Corona im Ohr und in den Ganglien des Gehirns.

Mir aber ist es zu viel Werbung. Viel zu viel, zum Kotzen zu viel. Recherchiere im Internet den Namen eines bekannten Kuchenbäckers im barocken Trier. Springen mir nonstop heutige Anbieter von Brötchen, Kuchen, Hefeteilchen, Berliner Ballen, sogar von Pizza ins Gesicht. Muss am Tag sicher hundertmal löschen, löschen, löschen. Meine Arbeit unterbrechen und meinen Zorn herunterwürgen.

Erfände doch ein Startup eine Maske, die Werbung eliminiert. Wie FFP2-Masken und Desinfektionsmittel Mikrobakterien. Liebend gern setzte ich sie auf. Bei der Arbeit vor dem Bildschirm gewöhnungsbedürftig. Aber flexibel. Kann sie absetzen, wenn mir danach ist. Mir einen Cylon-Tee aufgießen und genüsslich mit einem gestern gebackenen Madeleinchen genießen. Aufsetzen, wenn wieder Werbung mein Arbeitstempo verlangsamt. In der Straßenbahn ist es verboten, Masken abzunehmen. Im Gegenteil. An jeder Tür, an jedem Fenster, jeder Haltestelle werden wir gemahnt, Mund und Nasen zu schützen. Über Lautsprecher alle Viertelstunde: sehr geehrte Fahrgäste, wir bitten Sie … Wohl dem, der zuhause an seinem PC arbeiten kann. Und wenn es nur aus dem Grund ist, diese verdammte Maske abnehmen zu können. Um den zu umarmen und zu küssen, der gerade im Zimmer ist. Gerecht soll es zugehen, im Privaten wenigstens.

Das Gegenteil scheint der Fall zu sein. Zumindest, wenn lange gewohntes plötzlich anders ist. Väter zuhause statt im Büro. Kinder nicht in Kita oder Schule. Mütter mit allen vereint wie im Mittelalter. Als Pest die Menschen von den Straßen in die Häuser trieb. Um sie dort krepieren zu lassen. Da bauen sich Spannungen auf, Nähe den ganzen Tag nicht gewohnt. Streit, sonst selten, jetzt jeden Tag. Um Nichtigkeiten meist. Psychoanalytiker gefragt, um Hilfe gebeten. Ihre Therapien wenig erfolgversprechend. Solange Corona den Tagesablauf diktiert. Der Mensch ändert sich nur sehr, sehr langsam, wenn überhaupt. Corona-Viren dagegen ein Musterbeispiel von Flexibilität.

8

Es hat den Anschein, als schütze eine FFP2 Maske vor dem Corona-Virus. Sich selbst und andere. Hört oder liest man den Bericht eines Virologen, sieht es anders aus. Viren sind raffiniert und einfallsreich. Wie alle Lebewesen, die auf Nahrungssuche unterwegs sind. Menschen und Tiere, seit sie aus dem Paradies geworfen. Gierig zu überleben, sich fortzupflanzen. Auch Viren fähig, sich zu vermehren. Begierig, ihren Hunger zu stillen. Nahrung suchen wie Mensch und alle, die vier Beine, Flügel oder Flossen haben, um von der Stelle zu kommen.

Menschen erhalten alles in Supermärkten, um trotz Corona alltags und sonntags zu essen, was ihnen schmeckt. Tiere nach wie vor in der Natur. Haushunde und Katzen Leckereien aus Dosen, mit denen wir sie verwöhnen. Viren die einzigen Lebewesen, die Supermärkte besuchen, ohne einzukaufen. Getrieben von Hunger und dem Willen zu überleben wie wir. Unbemerkt in Zellen der Käufer eindringen. Quasi gewillt, zu fressen und nicht gefressen zu werden. Am Ende das Gefühl zu haben, satt zu sein. Nicht anders als Mensch und Tier. Auf zwei oder vier Beinen, mit Flügeln oder Flossen.

Während Menschen ohne große Anstrengung einkaufen, sogar Lust dabei empfinden, ist es bei Viren anders. Müssen lange arbeiten, um in eine menschliche Zelle zu gelangen. Sich da häuslich niederzulassen. Bisher unbekannte biochemische Prozesse weichen die Zellwand auf, um sie dann zu durchdringen. Haben sie Erfolg, gelangen sie nach demselben Verfahren in alle anderen Organe. Bevorzugt die Lunge. Diesen Prozess müssen Wissenschaftler erst verstanden haben, wollen sie einen Impfstoff entwickeln. Einen, der dieses Prozedere der Öffnung verhindert. Den Virus außen vor sterben lässt, bevor er in den Zellen des Menschen Schaden anrichtet.

Viren sind aber mehr als raffiniert. Intelligenter als sich Menschen in der Regel vorstellen können.

Kommen sie nicht weiter, verändern sie den biochemischen Prozess, in menschliche Zellen einzudringen. Frühere Impfstoffe nicht mehr wirken. Jeder Arzt weiß, im Herbst braucht er einen neuen Impfstoff gegen eine Grippe-Mutation. Viren sind Meister der Transformation. Corona scheint sich schneller zu ändern als ein Grippe-Virus. Anzupassen an andere Bedingungen. Mutationen, Abwandlungen sagt die Wissenschaft. Eine Vielzahl von Varietäten des ersten Originals aus China.

Wie man weiß, halten Amerikas Präsidenten China für den größten Feind der Demokratie. Trump, noch Präsident der Vereinigten Staaten von Amerika, behauptete, Geheimagenten Chinas hätten den Virus eingeschleust. Um Amerika zu schwächen. Flog nach Peking, reinen Tisch zu machen. Umarmte den Ministerpräsidenten und bekannte nach seiner Rückkehr: Xi Jingpin ist ein netter Kerl, mein Freund. Um eine Woche später Sanktionen über China zu verhängen. Staaten, die am Bau der neuen Seidenstraße beteiligt, nicht mehr mit Sojabohnen zu beliefern.

Politiker sind, wie es scheint, wie Viren besessen, ihre Vorgehensweise zu ändern. Betreiben von jetzt auf gleich eine andere Politik, die nur ihrem Ansehen nutzt, der momentanen Stimmung im Land Rechnung trägt. Auch Trump brauchte Bestätigung: Seht her, ich bin der beste Präsident Amerikas seit Abraham Lincoln. Kann sogar Diktaturen zwingen, kleine Brötchen zu backen.

So oder ähnlich macht es jedes Unternehmen, das sein Produkt für das beste hält. Ob es sich um Käse, Strümpfe, Masken oder Impfstoffe handelt. Intern befeuert diese Einschätzung den Arbeitsgeist, der immer das Beste entwickeln soll. Etwas, das einzigartig und unverwechselbar ist. Extern, in

Werbefloskeln verbreitet, klingen solche Behauptungen übertrieben. Weil alle Anbieter ihre Produkte über den grünen Klee loben. Zerstören das Vertrauen derer, die es kaufen sollen. Könnte man meinen.

Doch der Mensch, besonders in Zeiten von Kriegen oder Pandemien, folgt allem, was Rettung verspricht. Glaubt an ein baldiges Ende der Einschränkungen, ohne Beweise zu verlangen. Nimmt Lockdown in Kauf und damit verbundenen Verzicht. Klammert sich an jede Nachricht, die bald einen Impfstoff für alle verspricht. Auch, wenn er nur angekündigt ist. Von Spekulanten der Börse lanciert. Normalität soll wieder einkehren.

Es scheint nicht so einfach zu sein, wie alle es wünschen. Es braucht eine Vielzahl hochgradiger Spezialisten. Die in verschiedenen Ländern arbeiten. In den USA entwickelte neue DNA des Wirkstoffes kann nur in Deutschland in die erforderliche mRNA umgewandelt werden. In der Schweiz konzentriert. Nur wenige Zulieferer von Lipide und Süßstoff, um den Impfstoff stabil zu halten. Borosilikat für sterile und 80 Minusgrade aushaltende Ampullen wird nur von weltweit zwei Firmen gefördert. Pharma-Firmen arbeiten 24 Stunden an 7 Tagen der Woche. Fehlt nur eines der notwendigen Teile oder kommt eine Woche später, kann nicht produziert werden. Grund für die derzeitigen Engpässe.

Trotz alledem wird schon Karneval gefeiert. Als gäbe es keine Probleme. Oder man könnte sie digital umschiffen. Fasching bleibt Fasching, Fastelovend. Fastelee, Fasnet. Je nach Landsmannschaft und Tradition. Ganz allgemein nennt man diese tollen drei Tage die «Fünfte Jahreszeit». Um sich außerhalb aller kirchlichen und staatlichen Vorschriften in Gesetz und Kalender frei bewegen zu können. „De Sau raus lasse", sagen Kölner. Sich selbst nicht schonend. Masken oder Fratzen vor dem Gesicht, niemand soll sie erkennen. Umarmen sich und tanzen. Anonym. Saufen und küssen. Anonym. Vögeln, was das Zeug hält. Anonym. Neun Monate später hört man sie schreien, fast doppelt so laut wie in andern Monaten. Mütter und ihre Babys. Folgen einer Maskenzeit. So war es, aber so wird es jetzt nicht mehr sein.

2021 findet die fünfte Jahreszeit mit Spaßmachern in Kulissen vergangener Jahre statt. Per Televison oder Streaming zu empfangen. Was in den eigenen vier Wänden abläuft, kontrolliert bei uns noch kein digitaler Schnüffler. Heutzutage dank Corona der ideale Rückzugsort für Spielchen, für die man früher erst nach Feierabend Zeit fand.

Wollte ich Sie in Verlegenheit bringen, würde ich Sie fragen: Könnte Home-Office heute wieder mehr Kinder zur Folge haben? Abwechslung lockt, nur eine Tür weiter. Seit es Laptop gibt, ist ein Seitensprung nicht weit. Technischer Fortschritt hilft in schwierigen Zeiten. Seit es die Pille gibt, sinken Geburtenzahlen. Corona könnte den Trend ins Gegenteil verkehren. Wenn ich den Virus richtig einschätze, kümmert es ihn nicht, was Menschen tun oder lassen. Es juckt ihn geradezu, dann anzugreifen, wenn keiner an Corona denkt. An Karneval zum Beispiel. Wenn Lust plus Lust den Verstand narkotisiert und niemand an Maske und 1,5 m Abstand denkt, hat er gewonnen. Im Speichel jedes Kusses schleicht er sich unbemerkt ein. Und findet garantiert eine Zelle, in der er sich breit machen und satt essen kann. Ein potentielles Baby könnte kommen. Kaum aber die Chance haben, an den Brüsten einer gesunden Mama zu saugen. Wenn überhaupt. Zugegeben, Schwarz gemalt. Aber auch, geben Sie es zu, ins Schwarze getroffen. Der Mensch verdrängt allzu gern, was ihn hindert oder daran hindern könnte, glücklich zu sein.

Auch auf Mallorca, der Deutschen Lieblingsinsel, könnte es so ablaufen. Auf Ballermanns Meile auch heute noch. Sangria hat LSD schon lange abgelöst. Den Alltag zu vergessen, Frau und Kinder daheim. Die spanische Polizei vermeidet sich in Keilereien Fremder einzumischen. Ballermänner wissen und schätzen es. Sie werden kommen und ihre Anstands-Maske vom Gesicht reißen. Die zu sein, die sie hier immer schon sein durften. Karneval das ganze Jahr.

Schon im 14. Jahrhundert feierte man auf Mallorca die Narretei. Damals und heute nicht immer zur Freude der Herrschenden. Karneval ist auf Mallorca nicht das Ende turbulenter Wochen, sondern Anfang der «Cuaresma». Einer 40tägigen Fastenzeit. Getreu dem gewohnten «Mañana». Morgen, nur nicht heute.

Traditionell fastete man nach Karneval vierzig Tage lang. Wie bei allen christlichen Völkern. Tage, um Körper und Geist zu entschlacken. Sich von vermeintlich falschen Vorstellungen zu trennen. Dinge einmal anders zu betrachten. Sichtweisen zu korrigieren. Hierbei spielt die Ernährung eine große Rolle. Frei nach dem Motto: «Du bist, was du isst».

Auf der Insel alles in Fülle. Orangen, Zitronen, Aprikosen, Feigen. Datteln, Mandeln auf uralten Bäumen. Schafe und Schweine in freier Natur, nicht in Ställe gepfercht. Gambas, Seezungen, Langusten, Krebse, Muscheln und Salz aus dem Meer. Tradiertes Handwerk macht aus allem begehrte

Leckerbissen. Ein Paradies trotz Fastenzeit. Corona scheint alles zu entschuldigen.

In Ermangelung einer Frau beschließe ich, mich von allen irdischen Gelüsten, auch nahenden drei tollen Karnevals-Tagen abzulenken. Stattdessen in den Weinbergen spazieren gehen. Darüber nachdenken, dass alles ein Ende hat. Auch die Pandemie. Nur die Wurst hat zwei, wie jeder weiß. Ohne die Konsequenz daraus zu ziehen und ihren Anfang zu suchen. Den aber kennt nur die Wurstmaschine.

Fahre mit meinem Jaguar S Type zuerst in die Werkstatt. Dort soll Sachverstand und eine geschickte Hand die kaputte Birne im rechten Bremslicht durch eine neue ersetzen. Es selber zu tun, verhinderte die Gebrauchsanleitung. Übrigens zum ersten Mal nach fast zwanzig Jahren und rund 200000 km. Maske vor dem Gesicht spricht mit Maske vor dem Gesicht. Nahsicht nicht möglich. Sehe die Stufe nicht vor den Füßen und schlage lang hin.

Geschockt, durch plötzlichen Schmerz im rechten Handgelenk, unfähig mich zu erheben. Werkstatt-Leiter hilft mir auf. Elektriker legt mir einen Verband mit Eis auf 's geschwollene Handgelenk.

Kundendienst bringt mir einen Kaffee. ob ich einen Kognak wolle? Ruft den Notarzt. Warte. Denke nach. Die vorgewölbte Maske verhinderte, Naheliegendes zu sehen. Verdammt diese Maske, reiße sie mit der linken Hand herunter. Und wieder frei geatmet. Den Kaffee in winzigen Schlückchen genossen, Zeit zu vertreiben. Die nicht vergehen will. Mein rechtes Handgelenk schwillt weiter, schon doppelt so dick wie das linke. Versuche, es still zu halten. Keinen Millimeter zu bewegen. Es schmerzt inzwischen höllisch.

Nach einer Stunde tatütata. Bahre raus, mich drauf fest gezurrt. Nicht nochmal abzustürzen. Herzschlag geprüft, den Puls. Einen neuen festeren Verband ums Handgelenk. Langsam ging 's, an LKWs vorbei, stehenden Schlangen vor roten Ampeln. Überall scheinen sie auf Rot zu stehen. Meine Geduld auf die härtete Probe gestellt, seit ich denken kann.

Auch in der Klinik alle mit Masken vor dem Gesicht. Kein Lächeln zu sehen, die roten Lippen der Schwestern. Eilig alles, was sich bewegt. Kein Bett steht still, bewegt von Gängen in Zimmer. Von Zimmern in den OP oder zum Röntgen. Wie ich. Das Gelenk gebrochen, nicht angeknackst. Versuche, es orthopädisch einzurenken, misslingen. Drei Tage und Nächte durchlitten bis zur

Operation. Unmöglich, mich umzudrehen. Mit Links die Ruf-Taste zu drücken, die Verstellung des Bettes. Nichts geht mit Links, wenn man fast hundert Jahre gewohnt ist, mit Rechts zu hantieren. Aufstehen, um drängelndes Pipi loszuwerden, ohne fremde Hilfe unmöglich.

Haben Sie schon mal Ihr Handy mit Links gehalten und gleichzeitig bedient? Die winzigen Zahlen getastet und getroffen. Ich hab 's im Nachtschränkchen gelassen und alle Welt zum Teufel gewünscht. Blind vor Zorn, als hätte ich die Maske vor Augen. Höre nur am tik – tik – tik der großen Uhr im Zimmer, die Zeit läuft ab. Aber so langsam, als überlegte sie, ob sie noch weiter ticken soll. Einen, hier zu behalten, der raus, nichts als raus will. Einen, der als Privat-Patient für die Klinik mehr wert ist als ein Mitglied der BEK. Eingegipst meine Hand, das Gelenk bis an den Ellenbogen. Fest geschnürt mit einer Art Streckverband. Die Farbe durfte ich wählen: Blau oder rot? Beeindruckt vom übrigens einzigen demokratischen Verfahren in der Klinik, entschied ich mich für Blau. Nach drei Tagen nachhause geschickt. Geahnt, es wird dauern.

Dort hörte ich, in den ersten sieben Monaten 2020 hatte Corona fünf Menschen im Wohnstift er-

wischt. Zwei von ihnen starben auf der Intensiv-
station in der Klinik. Drei müssen in ihren Zimmern bleiben, bis sie gesund sind. Inzwischen ist
fast ein Jahr vergangen und kein Bewohner mehr
infiziert. Das Haus nach allen Seiten abgesichert.
Außentüren verriegelt, Besuche verboten. Leider
auch Theater und Konzerte, Filmvorführungen.
Mir blieb nichts anderes, als am Arm eines Pflegers
die Stufen herab an den Teich zu gelangen. Ehe-
maliges Baggerloch, um das herum die sechs Häuser gebaut wurden. Umrundete zwei- oder dreimal
den Teich, Tritt zu fassen und die Angst verlieren,
hinzufallen. Beobachtete Enten und Enteriche,
freute mich schon aufs wöchentliche Schwimmen.
Arme und Beine wieder frei zu bewegen. Am
Handlauf mich mit beiden Händen festzuhalten,
Rücken und Kniegelenke wieder daran gewöhnen,
dass sie mir gehorchen müssen. Das Schwimmbad
aber geschlossen. Wegen Corona.

Nach drei Mano-Therapien kann ich die Finger
meiner rechten Hand wieder bewegen. Nicht nur
mit dem rechten Zeigefinger an die Nase fassen,
denke ich nach. Nein, von Zeit zu Zeit bohren, um
Überflüssiges los zu werden. Sobald es feste Formen angenommen. Suppe rühren, Computertasten
tippen, Auto fahren. Happy hoch zehn, mit zehn
Fingern auf dem Klavier wieder Mozart spielen zu

können. Morgens vor dem Frühstück. Oder Beethovens: ich liebe dich so wie du mich – am Morgen und am Abend.

Ob Ludwig van Beethoven auch über seine Taubheit wütend war, sich wünschte wieder hören zu können wie früher? Könnte sein, denkt man an sein Rondo für Klavier: «Die Wut über den verlorenen Groschen». Wie ich danach verlangte, wieder mit beiden Händen und zehn Fingern zuzupacken. Wie alle jetzt die Zeiten ersehnen, in denen alles gesichert schien, aus heutiger Sicht. Oder war Beethoven glücklich, dass alles, was er auf Notenblätter schrieb, in seinem Innern schon erklungen? Aufgeschrieben, was in ihm tönte, taktete. Jedes Instrument im Orchester unverwechselbar klang, dröhnte, flötete, fiedelte, trompte, paukte und posaunte.

Wie Maler das fertige Bild vor Augen, bevor sie es auf die Leinwand malen. Aus eigener Erfahrung weiß ich, alles geschieht gleichzeitig. Töne im Innenohr und Punkte auf Notenlinien. Farbe gefühlt und schon auf der Leinwand. Worte im Kopf und schon geschrieben. Kreativität ein Vorgang, der keinem anderen Gesetz folgt als dem der Intuition. Und deshalb einmalig ist und per se unwiederholbar.

Ob Folgen der Pandemie auch einmalig sind? Von kompositorisch, visuell oder wortbegabten Viren in Szene gesetzt? Nachhaltig, wie heute alle Welt fordert. Denke mir, Corona überfällt Menschen gern, weil es bei ihnen gerade Mode ist. Und reichlich zu fressen. Nachhaltig, weil sie immer wieder auftauchen. Wenn auch anders maskiert.

Als Gegner des Wechsels um jeden Preis würde ich meinen letzten Cent in einen neuen Anti-Corona-Impfstoff investieren. Der den oder das Virus nicht tötet, sondern sein Genom ändert. Ihm die Lust am Fressen nimmt und sich zu vermehren. Einen Rückwärtsantrieb integrieren, der es zwingt, wieder dahin zu flüchten, woher er oder es kam. Wie Mond- oder Mars-Sonden zurück zur Erde gelangen. Wüsste ich doch endlich das richtige Geschlecht: Heißt es der oder das Virus? Oder gar die Vira, ist es weiblicher Natur?

Wüsste auch gern, ob sie sich wie alle anderen Lebewesen vermehren. Same von männlichen im Ei eines weiblichen ein neues seiner Art entstehen lässt. Könnte auch auf dem Wege der Spaltung beruhen. Wie man Atomkerne spaltet, um dadurch Energie zu gewinnen. Jungferngeburt, Parthenogenese auch eine Möglichkeit. Manche Pflanzen, Blattläuse und Wasserflöhe vermehren sich ohne männliche Zutaten.

Nehmen wir also an, der, die oder das von mir mitfinanzierte Virus wird heimwärts gedüst. Wuhan in China das Ziel. Weiß aber mangels Handy für Mikrowesen nicht, dass in China noch lange nicht alle gegen Corona geimpft sind. Dem neuen Virus würde höchst sehr wahrscheinlich die Einreise verweigert. Chinesen schon früh gewohnt, Massen von Einwanderern als Feinde zu betrachten. Die Gefahr einer Revolution groß, auch die Regierung zu stürzen. Deshalb haben Chinesen schon von 1368-1644 eine 21.196 km lange Mauer gebaut. Schön wär 's, wenn alle heimwärts strebenden Corona-Viren vor dieser endlosen Mauer verhungerten. Wie nomadische Reitervölker in den Jahrhunderten der Ming-Dynastie. Die Mauer und 300000 Soldaten mit Desinfektionsmitteln könnten reichen, die Lage bei uns zu entspannen. Wüssten wir 's nur genau.

Wir aber wissen nichts Genaues nicht. Warten und zittern und bangen. Keine Ahnung, wie das sein wird, von dem wir hoffen, es hilft uns wieder auf die Beine. Alles nebelhaft, Worte leere Versprechen. Das letzte Jahr wird ein schwarzes in der Rückschau sein. Dunkel die Zukunft. Nicht nur Corona-Mutanten lassen Fragen offen. Schnee in Massen überfällt uns plötzlich. Verweht zu Gebirgen, teilt den Norden vom Süden Deutschlands. Im Norden gefroren zu Eis auf Wegen und Straßen, den Weichen der Bundesbahn. Schrille Sirenen der Feuerwehr überall schrecken Ängstliche auf. Im Süden wecken Sonnenstrahlen bereits Frühlingsgefühle. Doch Corona und Lockdown traf beide mit gleicher Wucht. Die Welt geht unter. Von allen Seiten stürmt es auf uns ein. Nimmt keine Rücksicht auf Menschen, deren Sprachen und individuelle Wünsche. Tote, die wollen, dass man sie jetzt endlich in Ruhe lässt. Lebendige, die leben wollen wie gestern noch.

9

Mir kommt es vor, als wäre der 8. Mai 1945. Die letzten Bomben, die letzten Schüsse gefallen. Ängstliche noch in Luftschutzkellern, beteten den Rosenkranz vor und zurück. Wann endlich erhört Maria meine Bitte? Und schon begruben einstürzende Obergeschosse sie unter sich. Gottgläubige und Gottlose, Antifaschisten und Parteigenossen. Gespenstische Ruhe in den Trümmern von Häusern, Kirchen. Wie heute von Corona leer gefegt. 1945 Schutthalden auf Straßen und Plätzen. Nur gelegentliches Knacken und Krachen unterbrach die Friedhofsruhe. Halb zerstörte Mietshäuser mit dreiviertel erhaltenen Betondecken wurden Wohnungen. Fehlende Außenwände in der Fassade mit Plastikfolien verhängt. Als dürfe niemand sehen, dass einer noch Tisch und drei Stühle sein eigen nennt. Quasi in Quarantäne, dem Unwort der Jahre 2020/21. Niemanden neidisch zu machen.

Gasmasken damals vereinzelt in Schränken, Giftgas-Angriffe der Sowjets befürchtet. Wirkungslos, in Jahrhunderten gebaute traute Heime aus Stein, Marmor oder Gebälk zu schützen. Neu anfangen wollten alle, weil sie mussten. Frauen nichts anderes übrig blieb, als Trümmer zu sortieren, um sie für den Wiederaufbau zu nutzen. Ihre

Männer gefallen oder in Kriegsgefangenschaft. Deutschland in vier Zonen von den Siegermächten geteilt. England, Frankreich,Amerika und der Sowjetunion. Eine britische Militärverwaltung in Düsseldorf.

Nach 6 Wochen Gefangenschaft entlassen, kam ich in ein total zerstörtes Düsseldorf, meine Heimatstadt. Hatte gleich die Idee, Architekt zu werden. Große Pläne im Kopf, alles anders zu machen als die Altvorderen. Lichter, moderner, großzügiger. Mit mehr Glas als Mauern. Freien Blick zu genießen auf eine Welt, die unser sein wird. In neuem Glanz, befreit von allem, was braun ist, marschiert und gleich klingt. Auf Straßen und Redner-Tribünen. Picasso lockte und Miro, Strawinsky und Hemingway. Hans Schwippert, Städteplaner und mein Professor an der an der Kunstakademie in Düsseldorf. Letzter Chef des weltbekannten «BAUHAUS» in Dessau. Geburtsstätte moderner Architektur, auch im Bombenkrieg zerstört. Mich hatte die Akademie im April 1946 immatrikuliert und gleich den ersten Auftrag erhalten.

In drei Wochen sollte in den Ruinen der Akademie Karneval gefeiert werden. Das Dach notdürftig mit Wellblech gedeckt. Für jede der fünf Fakultäten nur ein Raum verfügbar. Fünfundachtzig Räume, in denen sich nur Regen und Wind aufhalten konnten. Wände, Fenster und Mobiliar zerstört durch Bombenangriffe der Alliierten im März 1945. Vorlesungen und Referate mussten im unbeschädigten Kellergeschoss stattfinden. Schlecht beleuchtet und noch schlechter belüftet. Nur wenige Arbeitsräume notdürftig eingerichtet. Treppenhäuser vom Erdgeschoss bis unters Dachblech leere Hülsen. Durch die man Himmel sah, Februargrau. Obere Geschosse nicht zu benutzen. Von den Wänden rann der Regen, das Dach undicht. Reste von Treppen nur Seiltänzern zuzumuten. Als ich kam, war man dabei, Treppenabsätze zu sichern und Stufen zu ersetzen. Verbogene Geländer wieder gerade zu biegen. Aufrichten, was am Boden lag. Steine, Mörtel überall und Gerüste.

Nur das Sekretariat aufgeräumt, eines der wenigen verglasten Fenster des Gebäudes blank geputzt. Die Dame schlank und wohl proportioniert. Ganz sicher nebenbei noch Modell für Maler und Bildhauer. Für mich als Studiosus der Architektur unerreichbar. Hätte nicht der englische Gouverneur ein Faible für Kunst gehabt, wäre das ehemals stolze Gebäude sicher abgerissen worden. Und ich keine schöne Frau erlebt, in die ich mich spontan verliebte. Ohne jede Aussicht, wiedergeliebt zu werden.

Dem Gouverneur war auch zu verdanken, dass der von Nazis verfemte Bildhauer Ewald Mataré Direktor der Akademie wurde. Kommissarisch, bis Deutschland entnazifiziert war. Matarés berühmteste Skulptur eine Kuh. Liegt, nichts anderes als liegendes Volumen mit zwei Hörnern an einem Ende. Erste moderne Plastik nach nazistischen Idolen der deutschen Herrenrasse. Dass Reduktion solche Ausstrahlung hat, konnte ich mir nicht vorstellen. Meine Fantasie aber angeregt, Fehlendes zu ergänzen. Um es als Ganzes im Gedächtnis zu behalten. Hätte gern einen Abguss gehabt, aber kein Geld ihn zu bezahlen.

Mataré, gebürtiger Rheinländer, wollte nach dem Krieg in Düsseldorf als erster wieder Karneval feiern. Und zwar in allen halbwegs tauglichen Räumen der Akademie. Eine neue Kunst in den Mittelpunkt der Nachkriegszeit stellen. Einer Zeit, die alle Chancen hatte, die alte hinter sich zu lassen. Aus Chaos und Trümmern wiederaufstehen. Es musste ein Wunder geschehen. Und es geschah. Plakate auf Mauern Bauzäunen luden alle ein, zu kommen und mitzufeiern. Nicht nur Professoren, Dozenten und Studierende. Kunstfreunde aus Stadt und Land. Auch Bewohner der Häuser rund um den Trümmerhaufen der einst gerühmten Akademie. Im Stil der italienischen Renaissance, typisch für alle Gebäude in Europa, in denen Kunst zuhause war. Maske war Pflicht. Unbekannt sollte unerkannt bleiben. Aber mit einem ausgefallenen Kostüm und gut geölter Stimme zum Gelingen des ersten friedlichen Karneval beitragen.

Es brauchte ein Motto, kurz und knapp. Bildhaft, um neugierig zu machen. Jeder von uns konnte einen oder mehrere Vorschläge einreichen. Kein Ausschuss wie in Karnevalsvereinen. Zum ersten Mal diskutiert und nicht angeordnet. Demokratie geschnuppert und toll gefunden Das Resultat: «DER MUSENTÜMPEL».

Wir Studierende, meist männlich und einige selbstbewusste junge Frauen sollten beweisen, dass wir als angehende Künstler zu mehr in der Lage sind, als man vermutet. Mehr als Bilder malen. Aus Ton Figuren formen. Architektur mit wenigen Strichen veranschaulichen. Wir hatten den Auftrag, alle Innenräume des Gebäudes, in denen gefeiert wird, in eine Wasserlandschaft zu verwandeln. Je zwei Kommilitonen eine Wand. Bemalen nach Gusto. Wasser und Wellen Pflicht. Und jede Menge Fische, Muscheln, Kröten, Molche. Rädertierchen, Korallen und Quallen. Alles, was im Meer schwimmt, atmet und mit leuchtenden Farben auf sich aufmerksam macht. Seejungfrauen mit Schwänzen wie Fische. Eine durfte ich malen, weil meine Skizze überzeugte. Zum ersten Mal groß auf eine Wand gepinselt. Statt klein auf einen Malblock. Mich dabei als Künstler gefühlt. Den geschuppten Fischschwanz mit verlaufendem Schatten. Damit er sich plastisch von der Wand abhob. Zum Greifen nah.

Drei Wochen Zeit ließ man uns, das Vorhaben zu bewerkstelligen. Morgens vor und abends nach Vorlesung oder praktischer Arbeit in notdürftig hergerichteten Räumen. Meine zweimal wöchentlich am Reißbrett meines Professors. Der schätzte mein Talent und zahlte mir für jede Stunde 20 Mark. Die Stunden in seinem Haus am Rhein wie eine Auszeit genossen.

Aber auch gestresst. Zum ersten Mal nach diesem Krieg. Weil alles neu für uns war und fremd. Nicht leicht, es unter einen Hut zu bekommen. Das Problem nicht die Zeit. Nächte sind lang. Aber die Flächen kaputt, die wir bemalen sollten. Nur wenige Quadratmeter glatt und unbeschädigt. Mehr Brüche, Risse, Riesenlöcher im Verputz. Zum Glück lugten da und dort Eisen aus den Wänden. An die wir den Gott des Meeres hängen könnten. Von Griechen Poseidon, von Römern Neptun genannt.

Die Bildhauerklasse hatte den Auftrag, ihn nach einer Vorlage im geretteten Archiv dreidimensional zu basteln. Aus selbst gepresstem Pappmaché und allem, was ihnen dazu noch einfiel. Mit einer Schnur an einen der zahlreichen Eisendrähte zu hängen. Die sich aus der Wand herauskrümmten. Als wollten sie mitkriegen, was ihnen nach dem Krieg zugemutet wird. Wir einigten uns auf den Platz, auf dem eine Band spielen sollte. Aller Augen würden hin und her wandern. Zwischen Meeresgott und Saxophon, Schlagzeug und Schlagbass, Percussion. Instrumente, die wir nicht kannten, weil von den Nazis als Negermusik verboten. Das Problem Wand aber war größer als unbekannte Instrumente.

Die Frage unbeantwortet, wie bemalt man, was kaputt ist. Bröckelige, von Rissen unterbrochene Wände sind nun mal keine Leinwand. Glatt gespannt über einen Keilrahmen aus Holz. Erstsemester der Architektur hatten keine Ahnung, verzweifelt geradezu. Blamieren wollten wir uns auf keinen Fall. Kommilitonen, die schon ein Semester hier studierten, begannen bereits mit ihrer Arbeit. Fragten sie und konnten endlich unser Problem lösen.

Am Ende der Gasse, nicht weit von der Akademie ein kleiner Laden mit Restposten von Linoleum-

Rollen, aber Mengen Tapeten Kleister, Farbpulver, Quaste und Pinsel aller Größen, Breiten und Dicken. Vorher Ausstellungsräume einer weithin als «Mutter Ey» bekannten Galeristin. Mit einem großen Herzen für arme Studierende der Akademie. Kaufte ihnen Zeichnungen, Holzschnitte und Gemälde ab. Kochte Erbsen- oder Bohnensuppe für ewig hungrige Mäuler.

Machte ihnen Mut und empfahl sie ihren Kunden. Als sie überraschend starb, übernahm Fred Geyer, ein Tapetenhändler ihre Räume.

Dieser zum Glück ebenso verständnisvoll wie seine Vormieterin. Nicht nur wegen des ey im Namen. Wir schilderten ihm unser Problem. Seine Antwort: „Kein Problem". Schenkte uns aus der Mode gekommene Tapetenrollen. Um kriegsversehrte Wände zu überkleben und danach problemlos zu übermalen. Konnten es nicht fassen, dass so kurz nach dem Krieg so viele Muster schon unmodern geworden. Auf den Rändern Hakenkreuze könnten der Grund dafür gewesen sein. Auf zinslosen Kredit gab er uns Kleister, Tüten mit farbigen Pulvern, einen Quast und Pinsel dazu. Rückzahlung offen. Zeigte uns, wie man Kleister aufstreicht, exakt bis an die Ränder. Und Farben mischt, dass es nicht klumpt.

Die Tapeten klebten wir mit dem Muster zur Wand. Über alles, was sich weigerte, glatt zu sein. Die weiße Rückseite bereit, sich von uns verwandeln zu lassen. Farbpulver mit Wasser angerührt und auf Leitern und schwankenden Brettern, die für uns die Welt bedeuteten. Quadratmeterweise Tapeten bemalt. Wasser in allen Blau- und Grüntönen, schaumweiß gekrönt. Dazwischen Krebse, Muscheln, Fische und Seejungfrauen, wie im richtigen Leben. Farbe hatte den Geruch von Salzwasser, Tang und Schweiß angenommen. Am Ende umarmte uns Glückliche eine lebendige, wellenbewegte Wasserlandschaft.

Heute, in der Corona-Saison kommt es mir vor, als wäre alles Maskerade gewesen. Verdeckt, was kaputt und sechs Jahre Nazikrieg verwüstet hatte. Eine Scheinwelt geschaffen aus Spaß, Farben und Musik. Um alles zu vergessen, was uns zuinnerst noch bewegte: Zwang, Not, Tod und Hunger. Die Venus am Abendhimmel ließ hoffen. Heute hätten Künstler die Trümmer nicht tapeziert, sondern alle Löcher und Risse im Putz, auch blankes Mauerwerk übermalt. Besuchern zu zeigen, dass man die Verbrechen der Nazis nur beurteilen kann, wenn man sieht, was sie angerichtet haben.

Damals aber wollten wir die neu gewonnene Freiheit feiern. Die Musen im Tümpel losgelassen. Ein ganzes Wochenende gesungen und getanzt. Hatte meine Cousine Trude mitgenommen. Als sie sich auf mein Drängen das Kostüm einer Seejungfrau genäht. Wie immer sie es fertig gebracht, Stofflappen schuppig wirken zu lassen. Für mich aus dünnem Markisenstoff ein blau-weiß-quergestreiftes Hemd. Käptns-Mütze von einem Kostümverleih, der die Zeit der Einheits-Uniform überlebte. Wie verlangt, beide mit blauer Augen-Larve, unerkannt zu bleiben. Trude stets von neuen Partnern zum Tanz geholt. Jungfrauen mit Fischschwanz trifft man nicht alle Tage. Mich sprach nur eine an. Bat um Feuer für die Zigarette. Hätte liebend gern mit ihr geschwoft, treppauf, treppab und hinten herum. Obwohl eine Medusen-Maske ihr Gesicht verdeckte. Sofort fasziniert. Aus dem Griechisch-Unterricht die antike Mythologie im Kopf und das lebende Exemplar vor mir total vergessen.

Poseidons betörend schöne Tochter Medusa, die Pallas Athene in ein todbringendes Unwesen verwandelte. Überraschte sie beim Liebesspiel mit Zeus, ihrem Mann. Verwandelte sie, zornig wie nur enttäuschte Frauen sein können, in ein Ungeheuer. Mit Schlangenhaaren. Langen Schweinshauern,

Schuppenpanzer, bronzenen Armen und heraus hängender Zunge. Wer sie erblickte, sollte zu Stein erstarren.

Ein eifersüchtiger Nebenbuhler forderte Perseus, Sohn des Zeus, heraus, ihm das abgeschlagene Haupt der Medusa zu bringen. Hoffte, er würde zu Stein erstarren und er den Konkurrenten los sein. Pallas Athene aber wollte Perseus, ihren Lieblingssohn, nicht verlieren. Gab ihm einen verspiegelten Schild. Medusa also nicht direkt anzusehen, sondern nur im Spiegelbild. Die geflügelten Schuhe des Götterboten Merkur, ihn schnell ans Ziel zu bringen. Die Tarnkappe einer Nymphe, ihn selber unsichtbar zu machen. Der Plan gelang. Das Haupt der Medusa ziert seitdem den Schild der Göttin Pallas Athene. Zeichen ihrer Unbesiegbarkeit. Eine kluge Frau.

Schätze, die Tarnkappe gab den Ausschlag. Was nicht gesehen wird, ist keine Gefahr. Glaubten wir wie die Menschen damals an griechische Götter, bäten wir Pallas Athene um Rat und Hilfe. Statt vielbeschäftigte Virologen, Epidemiologen, Interpreten und Besserwisser. Sie würde auch uns eine Tarnkappe geben und einen verspiegelten Schild. Den wir Corona vorhalten. Damit sie oder er sich in ihm erkennt und irritiert zubeißt. Sich selbst verzehrt statt Zellen von Menschen. Suizid von

Mikrowesen ist gesetzlich nicht nur erlaubt, sondern dringend geboten.

Wohin aber ist die um Feuer bittende Kommilitonin entschwunden? Ma chère Cousine auch unsichtbar. Rings um mich herum wabert das Wellengewoge mit Frutti di mare aus Farbpulver mit Wasser gemischt und viel Fantasie. Die Luft erfüllt mit Musik, Stimmen, Lachen, klingenden Gläsern und Zigarettenrauch. Hundert, zweihundert und mehr einander meist fremde Menschen nah zusammen wie nie mehr danach. Glücklich, dabei zu sein. Zwölf Jahre Gleichmacherei der Nazis überlebt, sechs Jahre Krieg und Gefangenschaft. Entschlossen, die Nachkriegsnot zu wenden.

Es wäre doch gelacht, wenn wir nicht auch die Pandemie hinter uns brächten. Auf solch charmante Weise neu beginnen. Ich wäre sofort dabei. Weiß, wie man aus Pulver streichfähige Farbe macht. Mit ausrangierten Tapeten ein neues Universum zaubert: «MUSENTÜMPEL» hat bewiesen, dass möglich ist, was unmöglich scheint.

10

Zum Beispiel aus Schweinespeck, Schinken, Würsten und Eiern ein Haus zu bauen. Zuvor aber müssen Sie wissen: der Sommer 1946 war trocken und sehr heiß. 32 °C und mehr verbrannten die Ernten. Der Winter darauf der kälteste in diesem Jahrhundert – 25°C und tiefer, der Rhein und alle Nebenflüsse zugefroren. Nichts ging mehr. Kein Schiff, kein LKW, um Lebensmittel zu transportieren. Selbst die auf Karten zugestandenen Kleinstmengen nicht verfügbar. Nur auf dem Schwarzmarkt, getauscht gegen Schmuck, goldene und silberne Erbstücke, Orientteppiche.

Die Not war groß, die Angst, der Russe kommt. In Zeitungen und Flugblättern verkündet von Nazis, für die der Krieg noch nicht zu Ende war. Sowjets damals das Schreckgespenst wie heute Corona. Schlimmer aber war die Hungersnot in diesem Winter. Hunderttausende starben, weil sie nichts mehr zu essen hatten. Ausgemergelt ihre Körper noch vom Krieg. Mais, von den Besatzern großzügig verteilt, das Haupt-Nahrungsmittel der ersten zwei Jahre. Ein Maisbrot pro Woche musste für die ganze Familie reichen.

Heute besteht die Gefahr, dass Covid 19 sich in die Körper der Menschen schleicht und Unheil anrichtet. So mikrowinzig ein einziger Virus auch ist, er ist da. Objektiv und nachweisbar. Ursache für Krankheit und Tod. Wer nichts im Leibe hat, außer der Angst zu sterben, der stirbt. Es ist also kein Unterschied zwischen nichts im Leib und Corona in den Zellen desselben Leibes. Kein Unterschied zwischen damals und heute. Es sollte uns gelassener machen. Corona ist heilbar. Krankheit und Tod vermeidbar, wenn alle geimpft sind. Wer eine Woche oder länger nichts zu beißen hat, stirbt garantiert. Lasst uns armen Völkern helfen, indem wir ihre Erzeugnisse kaufen. Und nicht die aus Riesenfarmen der sogenannten zivilisierten Welt.

Zurück ins Jahr 1946. Die Semesterferien nutzte ich, um Geld zu verdienen. Fuhr als Schaffner in einem alten Büssing-Bus der Post. Von Düsseldorf nach Langenberg im Niederbergischen und zurück. Kam ins Gespräch mit einer Bäuerin, die unterwegs, im Umkreis den meistbesuchten Marktplatz zu finden. Auf dem sie ihre Erzeugnisse verkaufen konnte. Obst und Gemüse, Würste, Speck und Eingemachtes vom Schwein. Die Rede kam auf ihr zerbombtes Gehöft. Sie suchte einen Architekten, der es wieder aufbauen sollte. Am liebsten ein ganz neues, moderneres.

Im Krieg ließen sich Landwirte mit dem bezahlen, was sie nicht hatten. Ganze Zimmereinrichtungen in Gelsenkirchener-Barock wechselten die Besitzer. In den mageren Jahren nach dem Krieg waren Bauern die neuen Reichen. Ließen sich gegen Naturalien große, moderne Höfe bauen. Mit Heizungsanlagen und komfortablen Bädern. Auch meine Bäuerin brauchte dringend wieder ein funktionierendes Haus. Mit Ställen für Vieh und Gerät. Der Winter drohte eiseskalt zu werden. Schweine, Hühner und Gänse brauchten dringend eine Unterkunft. Sie selbst und ihre drei minderjährigen Kinder. Mann gefallen, wie so viele. Witwen allein, wie die meisten.

Es war weniger Mitleid, das mich zugreifen ließ, sondern Hunger. Und Erfahrung. Vor Studienbeginn hatte ich ein Praktikum absolviert. Bei einem mir bekannten Architekten gelernt, speziell Bauernhäuser wieder aufzubauen oder neue zu entwerfen. Die Arbeiten auf der Baustelle beaufsichtigt bis zur Übergabe. Sie bezahlte mich nicht mit wertlosem Geld sondern mit schön durchwachsenen Teilen vom Schwein. Geräuchert, verwurstet oder eingemacht. Konnte ein ganzes Jahr auf ihrem Marktstand aussuchen, was ich und meine siebenköpfige Familie brauchte: Obst, Gemüse, Eier und Kräuter gratis.

Weniger erfreulich die Vorschriften der Militär-Regierung. Jede Baumaßnahme musste von ihr genehmigt werden. Kontrollierte die rechtmäßige Beschaffung des Baumaterials. Schwarzhandel zu vermeiden. Not macht erfinderisch, heißt es. Und es heißt nicht nur so, sondern funktioniert auch so. Maurer, Betonierer, Verputzer, Installateure, Zimmerer und Dachdecker rar, viele im Krieg gefallen. Oder noch in Gefangenschaft. Heimkehrer verletzt, mit nur noch einem Bein, einem Arm ohne Hand. Um die Gesunden riss man sich.

Stadtwerke, die Infrastruktur wieder aufzubauen.

Bauern, die kein Geld, aber Essbares in Fülle hatten, Handwerker zu bezahlen. Lebensmittel, das Mittel zum Überleben, auf Allzeithoch an den gerade wieder eröffneten Börsen. Bauern, die einzigen, die den Krieg gut überstanden. Gewillt, die Nachkriegszeit zu nutzen, reich zu werden. Bauernwitwen wieder ein ordentliches Zuhause für sich und ihre Kinder haben. Ihnen eine sichere Zukunft versprechen können, wie sie Generationen vor ihnen hatten.

Baumaterial gab es wenig. Das aber kein Problem. Die wöchentlich genehmigte Zahl von Kalk- und Zementsäcken reichte, schon mal anzufangen. Die Nächte dunkel wie in Friedenszeiten. Keine Leucht-Bomben feindlicher Flieger, die alles in grelles Licht tauchten. Jetzt konnte man unbemerkt Sand aus still gelegten Sandgruben auf Lastwagen schaufeln. Kies verschiedener Körnungen in noch nicht wieder in Betrieb genommenen Baggerlöchern. Balken fürs Dach bei Holzhändlern gegen Schweine getauscht. Doppel T-Träger für Betondecken gab es nicht. Deshalb Eisenbahnschienen von abseitigen Schrottplätzen der Bahn mitgehen heißen. Ziegel und Dachpfannen aus Holland mit dem Transport von Tulpen verschleiert.

Noch in der Nacht an der Baustelle abgeladen.

Bereits um Fünf in der Früh die Leute bei der Arbeit. Mit Wurstbrot und Milch von glücklichen Kühen oder Ziegen auf Trab gehalten. Nach Feierabend noch ein Glas Schweinssülze für Frau und Kinder auf den Weg gegeben. Um Fünf Uhr nächsten Tages wieder auf dem Gerüst, eine Etage höher zu mauern. Wäre da nicht die Bauaufsicht. Nicht vom Stadtbauamt, sondern den Besatzern selbst durchgeführt. Übersicht und Kontrolle zu behalten. Nicht vorher angekündigt, sondern überraschend auf der Baustelle. Nicht anders als

Steuerbehörden in der Früh schon um Sieben, zu nachtschlafender Zeit vor der Tür.

Engländer im offenen Jeep, alles im Bau befindliche sofort zu erkennen. Anfangs noch Maschinenpistolen in den Händen, schussbereit. Später baumelte ein Revolver im Etui locker am Koppel. Deutschen trauten sie nicht. Verständlich. Vergangenheit noch mächtig in ihren Köpfen. Besatzer noch Feinde und überall illegale, nicht genehmigte, Baustellen. Gegen Elf rief mich die Bäuerin ans Telefon im Sekretariat der Akademie:

„Sie müssen sofort kommen, Engländer haben die Baustelle stillgelegt. Verboten, weiter zu bauen. Helfen Sie mir, die Genehmigung zu erhalten. Sonst wird mein Haus nicht fertig, meine Kinder und die Tiere ohne Unterkunft. Es soll sehr kalt werden. Schnell, bitte, bitte, Herr Architekt."

Mir blieb nichts anderes: ich musste zum Bauamt und irgendwas anstellen, um die Baugenehmigung zu bekommen. Ein paar englische Brocken noch im Kopf und den Mut der Verzweiflung. Der Leiter des Amtes für Hochbau ein freundlicher Deutscher, bereits entnazifiziert. Tischte ihm die Geschichte einer armen Witwe auf, mit drei unmündigen Kindern. Und so warmen Worten, dass er fast vor Mitleid geschmolzen wäre. Füllte den Wisch aus, unterschrieb ihn und schickte mich zum Sekretariat der englischen Kommandantur. Ihn abstempeln zu lassen. Noch nie sah ich ein so großes, zweimal parallel gerundetes Siegel.

Krone im Zentrum, occupying forces of the Royal Britain zwischen zwei Kreisen. Den Text versuchte ich später zu entziffern. Besatzungsarmee des Königreiches Britannien könnte stimmen. Damals aber war es mir egal, Hauptsache genehmigt.

Weiß nicht, woher plötzlich ein Bierkasten kam. Als hätte die Bäuerin es geahnt und gekauft. Oder solange den Rosenkranz gebetet, bis einer vom Himmel fiel. Und ich den Wisch mit Unterschrift und Stempel schwenkte wie eine Fahne. Hurra! Gewonnen! Die Maurer haben so lange gearbeitet, bis der Kasten leer war. Ein neuer kam. Betonierer Eisenbahnschienen verlegt. Die Felder zwischen ihnen mit Drahtgeflecht armiert und mit Beton ausgegossen. Und ich zur Nachtschicht schaffnern gegangen. Deutschmark zu verdienen für Material und Semestergebühr.

11

Long, long ago und immer noch Corona. 11. Februar und Weiberfasnacht. Nacht, auch wenn morgens, mittags, nachmittags oder abends gefeiert wird. Karneval will alles total. Wie Corona derzeit. Schon während des Treffens katholischer Kardinäle beim Konzil in Konstanz 1414 -1418 aktuell. Als Hexen verkleidete Weiber erschreckten Pfaffen und Mönche. Als wollten sie sich im Vorhinein schon für das rächen, was sie nur geahnt, nicht hätten wissen können. Kurz danach fanden Prozesse statt. In denen Hexen zum Tod verurteilt wurden. Auf Scheiterhaufen bei lebendigem Leibe verbrannt. Weil sie angeblich mit dem Teufel im Bunde waren.

Jetzt bin ich mit dem Bandmaß im Seniorenstift unterwegs, die Galeriegänge auszumessen. Will wissen, wieviel Bilder ich aufhängen kann. Bilder meiner Ausstellung, die das Gesicht der Menschen in der Kunst der letzten 5000 Jahre zeigen. Auch maskierte, Venezianische Ärzte, die während der Pest im 16. Jahrhundert Schnabelmasken trugen. Grüble, ob Gesichter nicht auch Masken sind, da springt aus dem Hinterhalt eine Hexe, mich zu erschrecken. Denke, Fasnet auch hier, warum nicht? Scheucht mich mit einem Reisigbesen in den nahen, sich zufällig öffnenden Aufzug. Die Tür schließt schneller als sonst. Und aufwärts geht 's. Nicht mehr zu stoppen.

Hui, denke ich, fährt der schnell. Sonst kriecht er langsam, um alten Menschen keine Angst zu machen. Bleibt stehen, es ruckt wie immer beim Ankommen. Nur beim Ankommen. Ob er abgefahren, sieht man erst, leuchtet die Nummer der nächsten Etage auf.

Donnerwetter, schon angekommen, dachte ich und warte, bis sich die Türe öffnet. Nichts öffnete sich. Weder ganz noch einen Spalt. Durch den ich mich zur Not gezwängt hätte. Computersteuerung defekt? Oder hat diese Person sie verhext? Um mich zu narren. Mich mit Absicht und klarem Verstand in den Aufzug gescheucht, mich zu inhaftieren gewissermaßen. Einen Bewohner einzusperren, der nichts anderes im Sinn hatte, die Wände der Galerie zu vermessen. Und danach im hausinternen Lebensmittelladen ein Zuckerbrot kaufen wollte. Die Langweile eines Corona-Nachmittages zu versüßen. Wer mag diese Person gewesen sein?

Nicht nur die Mund- und Nasenmaske vor dem halben Gesicht. Befohlen und ausgeführt wie alle hier im Haus. Auch Frisur, Busen, Arme, Beine, sogar die Schuhe nicht mehr wiederzuerkennen.

Verkleidet, übergestülpt, verdeckt. Alles anders als sonst bei zivilisierten Menschen. Körperteile, Kleider, an denen man bisher den einen oder anderen unbekannten Bekannten erkennen und identifizieren konnte. Jetzt das Rätsel in Person, unten im Parterre. Und ich hoch oben gefangen in einer Aufzugskabine. Umgeben von gefühlskalten Edelstahlwänden. Auch noch in Haus zwei und nicht drei, wo ich wohne.

Rufe laut um Hilfe, entdecke einen roten Knopf und eine winzige Schrift darunter. Konnte sie nicht lesen, weil meine Nase sich weigerte, Maske und Kurzsicht-Brille zu tragen. Beim Metermessen ohnehin hinderlich. Jetzt aber hätte ich sie gebraucht. Dringend gebraucht. Muss wissen, was zu tun ist, hier wieder lebend herauszukommen. Nähere meine Nase dem Text, rieche Desinfektionsmittel, kann ihn aber nicht entziffern. Muss eine Viertelstunde warten. Schimpfe auf Teufelkommheraus. Entlockte dem Gedächtnis Flüche in allen Sprachen meines Vokabulars. Bis sich endlich der Fahrstuhl wieder in Bewegung setzt. Abwärts, wie ich am Zählwerk sehe. Die Türe aufgeht wie immer, als sei nichts gewesen. Automatisch, klar. Doch niemand draußen vor, der sich bei mir entschuldigt.

Hätte gerne gewusst, wer mir diesen Streich gespielt. Würde, ja was würde ich? In meinem Hirn: verprügeln, umbringen. Die nächstfällige Miete verweigern, wäre es die Direktorin selbst gewesen. Da springt die Hexe von eben um die Ecke. „Oh, habe ich Sie erschreckt?" Reißt ihre, dann meine Maske vom Gesicht. Schmatzt je einen Kuss auf meine linke nackte Wange, die rechte ebenso. Und weg ist sie wieder. Jetzt weiß ich, wer die Hexe war.

Ihren Namen verschweige ich, sie könnte sich rächen, läse sie dieses Buch, wenn es gedruckt. Leiterin des Referats, die künstlerisch mehr oder weniger begabten Bewohnern die Chance gibt, sich als solche zu bekennen. Vor zwei Wochen bot sie mir an, in der Galerie unseres Hauses 58 Gesichter auszustellen. Schon früher in Gemälde verwandelte Fotos von Obst und Gemüse gezeigt. Im Theater vor Publikum aus meinen Büchern gelesen. Einen Vortrag gehalten über 1000 Jahre Kunst in Italien. Ohne sie wäre ich einer von vielen. Ein männliches Nichts unter einer weiblichen Übermacht. Ich werde ihr ab sofort jede Woche ein Kompliment machen. Ohne auch nur eine einzige Silbe über das Aufzugsdrama raus zu lassen.

Alles Betreuende in diesem Stift ist weiblich. Nur der Chef der 23 Häuser ein Mann. Pastor, Christi Stellvertreter auf Erden. Einer, der nicht nur die richtigen Worte findet, bevor er, so leid es ihm tue, die Miete erhöhen muss. Sondern vermögende Rentner und Rentnerinnen mit Hilfe von Frauen möglichst lange am Leben erhält. Um mit wachsenden Mieteinnahmen neue Seniorenstifte zu bauen. Frauen in Betreuung und Pflege einen sicheren Arbeitsplatz zu geben.

Habe ich die Bibel falsch verstanden? In der Jesus als Vorbild geschildert wird. An das sich alle, auch Gründer von christlichen Seniorenstiften zu halten haben. Jesus umgab sich auf seinen Predigtreisen mit Männern, nicht mit Frauen. Nur in gelegentlichen Pausen verpflegten Frauen ihn, wuschen und salbten seine wundgelaufenen Füße. Umsorgt, verköstigt von Frauen, wie hier in meinem Seniorenstift.

Von der Direktion bis zur Putzfrau alles Frauen. An Telefon und Empfang. Kellnerinnen im Restaurant. Betreuerinnen und Pflegerinnen. Seelsorgerinnen für jede Konfession eine. Vermute, man versucht höheren Orts sich den Realitäten im Haus anzupassen. Wieviel Bewohnerinnen es derzeit sind, weiß ich nicht. Wäre ich in meiner aktiven Zeit Buchhalter gewesen, wüsste ich, was zu tun wäre. Ginge die Liste von nahezu 300 Appartement-Bewohnern durch. Addierte Ehefrauen und

Witwen. Verlasse mich aber lieber auf Schätzungen, weil sie meine Fantasie aktivieren. Schon immer meine Welt. Sonst hätte ich mir dieses teure Stift nicht leisten können. Also: Pi mal Daumen 80 % der Bewohner also Frauen.

Alte und sehr alte, denen nicht mehr der Sinn nach irdischen Späßen steht. Wissen aus langer Praxis, Frauen sind eh die besseren Männer. Deshalb leben sie auch länger als Männer generell. Das nenne ich ausgleichende Gerechtigkeit. Ich einer der wenigen Menschen überhaupt, die stracks auf die Hundert zugehen. Die Zweihundert. Das aber hat andere Gründe, die erst später veröffentlicht werden. Wenn die Zweihundert erreicht sind. Und der Notar mein Testament veröffentlicht hat.

Gerade beim Thema Frau, wüsste ich gerne, ob Corona alias Covid 19, weiblichen oder männlichen Geschlechtes ist. Vielleicht könnte ein virologisches Supergenie eine neue Rasse züchten. Mit nur weiblichen Viren. Die sich wie Blattläuse und Wasserflöhe ohne männliche Zutat selbst multiplizieren. Wenn das zu schwierig sein sollte, ihnen ein weibliches Genom einpflanzen. Ich hab 's mit dem Genom, seit ich weiß, dass man mit ihm das Erbgut manipulieren kann. Also der neuen weiblichen Vira die Eigenschaft implementieren, konsequent zu handeln wie ein Mann. Niemals das Ziel aus den Augen zu verlieren, Menschen zu schonen, Frauen sind per se geneigt, so zu handeln. Das Gros der Menschheit darf also hoffen, in etwa einem oder zwei Jahren nur noch von Frauen überfallen zu werden. Weibliche Viren dürften umgänglicher als männliche sein, liebevoller und geneigt, leben zu lassen, was lebt.

Es wird nicht lange dauern, bis sie aus übergroßer Liebe zu uns Menschen zuhause bleiben. Wo immer das auch sein mag. Mit schlechtem Gewissen umherirren, Nahrung zu finden. Bedauernd in Kauf nehmen, dass der ein oder andere Mensch dabei geopfert wird. Kollateralschäden, so nennen es Kriegsberichterstatter. Weibliche Viren dürften auch neugierig sein, was man Frauen nachsagt. Erhielten sie Kenntnis von der Wiederauferstehung der Menschen nach dem Tod, ließen sie sich bestimmt sofort taufen. Katholisch firmen und die Sterbe-Sakramente verabreichen. Selber in den Himmel zu kommen. Und reichlich gesegnete Nahrung finden. Bis ans Ende aller Zeiten.

Ja, so ist das mit den Ideen. Sie necken mich, ohne vorher zu fragen, ob es mir recht ist oder anderen schadet. Aus heiterem Himmel in mein Hirn. Um zu bleiben, mich daran erinnern, auffordern, etwas aus ihnen zu machen. Wie meine Großmutter mich schon vor acht Jahrzehnten aufforderte. Oder clever, wie auch Ideen zu sein pflegen, mich mittels Intuition inspirieren. Ohne dass ich merke, worauf sie hinaus wollen.

Schon Jahre vorher, als Rose noch lebte, hatte ich die Idee, das Gesicht des Menschen zu thematisieren. Hunderte Portraits von ihr gemacht. Fotografiert, gemalt, gezeichnet. Bis mich auf einer Italienreise das Portrait der Kaiserin Theodora in Ravenna faszinierte. Aus Hunderten kleiner Mosaiksteinchen zu einem zeitlos schönen Menschenbild geformt. Ab da fotografierte ich fast nur noch Gesichter von Menschen, wie Künstler der letzten 5000 Jahre sie sahen. Mehrere hundert Gesichter, Individuen, im wahrsten Sinne des Wortes. Skizzierte, aquarellierte, in Öl gemalte, in Holz geschnitten, in Kupfer- oder Stahlblech und gedruckt. Skulpturen aus Marmor fotografiert, in Bronze oder Gold abgegossene. In Felsen gekratzte, auf Höhlenwänden gepinselte Figuren mit Gesichtern. Jedes von ihnen individuell, unverwechselbar. Einmalig. Für die Ausstellung hier im Haus gescannt und selber gedruckt. Große Formate in einem Studio drucken lassen.

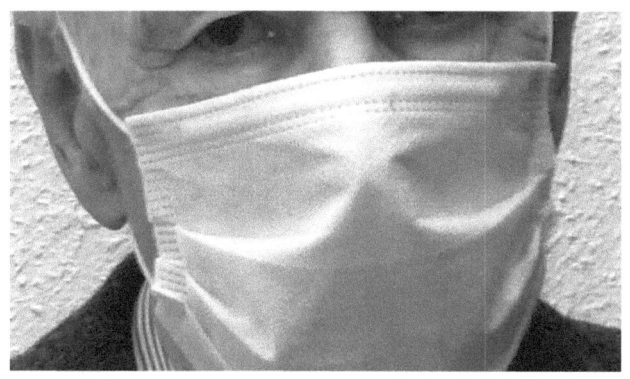

An prominenter Stelle im Entrée werde ich neben dem ein Meter großen Gesicht eines Bewohners mit FFP2-Maske folgenden Text setzen:

«Dürften wir doch die Masken vom Gesicht reißen – und uns ansehen, wie wir die Gesichter dieser Ausstellung ansehen – nicht nur deren Augen – auch Nasen, Wangen, Münder und Doppelkinn. Mit und ohne Bart. Sehnsüchtig – herausfordernd, traurig oder selbstbewusst. Undurchdringlich und rätselhaft oder von Künstlern subjektiv interpretiert – Die auf den Fotos aber sehen ihrerseits nur Augen der Betrachter und fragen sich: wer mögen die Menschen hinter der Maske sein?»

Achtundfünfzig Gesichter aufgereiht. Eins neben dem anderen. Groß und Klein ausbalanciert, Kontraste in Farbe und Ausdruck genutzt, individuelle Eigenarten besser zu erkennen. Vom Eingang, an der Arztpraxis vorbei, den Toiletten, den Fahrplänen von Bus und Bahn, der Fitness-Oase, Dementen-Service bis zur Pausenecke mit Sesseln, Trinkwasser und fünf Tageszeitungen. FAZ, Welt, Süddeutsche, Sonntags- Zeitung und die Badische.

Als ich es hier tippe, fällt mir ein, vor lauter Corona vergaß ich Ihnen zu sagen: Ich verbringe meine Zeit, müßig und doch immer beschäftigt in Freiburg. Der Hauptstadt der ehemals berühmten Provinz Baden. Mit einem Markgrafen an der Spitze. Die Stadt mit dem schönsten Turm der Christenheit. Mit meiner Ausstellung von Gesichtern ist sie jetzt acht Wochen Südwestdeutschlands Kultur-Hauptstadt. Einer Kultur, die es noch nie irgendwo gab. Gesichter mit Maske betrachten Gesichter ohne. Nackt wie geboren und älter geworden. Nur die Kleidung gewechselt in der Mode ihrer Zeit. Und der Kunstbegriff derer, die sie für Auftraggeber und uns gemalt oder skulptiert haben. Bekannte Künstler, überzeugt von ihrem Talent. Unbekannte und Amateure. Die – wie der Begriff sagt – lieben, was sie tun.

Gespannt auf die Reaktion. Leider ist Öffentlichkeit nicht zugelassen, Corona wegen. Dann wüsste ich es genauer, weil hier nur alte Menschen die Bilder früherer Generationen sehen. Kein junges Publikum mit eigenwilligen Ansichten. Weiß aus Gesprächen, Kunst vergangener Jahrtausende fasziniert alte Menschen mehr als junge. Deren Mantra heißt: Heute ist heute. Das Heute einer Generation, die erst jetzt während der Pandemie wieder an früher denkt. Weniger aber an Kunst als an das, was sie für Kunst hält. Anderes, noch nicht so alt wie Portraits der Renaissance oder Altbabyloniens vor der Zeitrechnung. Nur vor wenigen Jahren geschaffenes, die sie selber bewusst erlebt haben.

Bevorzugt künstliches, Digitalisiertes. Dabei nicht wissen oder vernachlässigen, dass Daten abstrakt sind. Ohne Eigenschaften, die sie charakterisieren. Nicht nach Farbe duften, Gefühle wecken. Anregen, nachzudenken, ob frühere Zeiten wirklich besser gewesen.

Handy so ein datengestütztes Instrument. Seine Fotos schöner Frauen duften nicht nach Parfüm. Erzählen nicht alles beim ersten Date, wenn er von ihr ein Foto macht. Landschaftsfotos lassen nur erkennen, was eine Zehntelsekunde erfasst. Ströme winden sich wie Schlangen und kein Auslöser sagt warum. Städtefotos nichts darüber aus, warum die einen in abbruchreifen Häusern wohnen. Andere unter Brücken schlafen.

1546 zieht Lukas Cranach auf seinem Gemälde «Der Jungbrunnen» jeden Betrachter sofort in Bann. Erzählt eine spannende Geschichte. Alte Menschen in Wagen herbeigekarrt, stürzen sich gleich ins Wasser des Jungbrunnens. Steigen, wenn genug gespielt wieder an Land. Jung und unternehmungslustig. Folgen Männern an die reichlich gedeckte Tafel, um anschließend das Tanzbein zu schwingen.

Auch in meiner Ausstellung werden Menschen stehen bleiben vor jedem Bild, um hinzusehen. In Gesichtern von Menschen das Besondere, Einmalige zu erkennen, das ihn zum Individuum macht. Pierro della Francesca portraitierte den Herzog von Urbino, den man die Nase Italiens nennt. Wer es betrachtet, weiß sofort warum. Lernt gleichzeitig, dass nicht nur Michelangelo, Leonardo da Vinci, Rembrandt oder Dürer ausdrucksvolle Gesichter gemalt oder skulptiert haben. Auch oft unbekannte Künstler in allen Teilen der Welt. Ungewöhnlich ausdrucksstarke Gesichter fand ich in Ostsibirien, Südwestafrika, Babylon. In Mexiko eines mit Maske aus Türkisen. Im Kairoer Museum die Mumienmaske des Pharao Tutenchamun aus massivem Gold. Hinter allen steckt ein Mensch, der sein letztes Geheimnis bis heute verhüllt. Das Gesicht eine Fassade, hinter er sich versteckt. Eine Maske. Welcher der zahlreichen Kunstfreunde kennt nicht «Nofretete»?

Man nennt sie die schönste Frauenbüste der Welt. Weil ein verliebter Bildhauer sie so ebenmäßig portraitierte. Wie keine bisher und danach. Die Hauptfrau des Pharao Echnaton II. 1500 v. Chr. aus hellem Kalkstein skulptiert, stuckiert und farbig bemalt. Das eine Auge ein Bergkristall mit Bienenwachs befestigt Pupille eingeritzt und schwarz gefärbt. Das andere fehlt. Wahrscheinlich entbehrlich, weil man Königinnen nur von einer Seite sehen durfte. Heute im Neuen Museum, Berlin. Oberhalb einer Treppe thront sie unter hoher Kuppel. Im Licht von Spotlichtsternen unübersehbar, anbetungswürdig. Ikone der Kunst wie Mona Lisa im Louvre, Paris.

In meinem aktiven Leben hatte ich sie dort fotografiert. Ohne zu ahnen, dass ich sie jetzt im Seniorenstift auf einem Foto zur Schau stelle. Johann Wolfgang von Goethe fällt mir ein, Ikone der Literatur. Platziere ihn auf den Turm des Freiburger Münsters, weil er an diese Stelle meines Buches zu passen scheint:

Zum Sehen geboren, zum Schauen bestellt
dem Turme geschworen – gefällt mir die Welt
ich blick' in die Ferne, ich seh in der Näh' –
den Mond und die Sterne – den Wald und das Reh

so seh' ich in allen die ewige Zier
und wie mir's gefallen – gefall ich auch mir
ihr glücklichen Augen, was je ihr gesehn –
es sei, wie es wolle – es war doch so schön

Es soll Leute geben, die auch die Zeit der Pandemie nutzen, sich gewissermaßen auf eine höhere Warte zu begeben. Einem Leben zuwenden, das schöner ist und angenehm, wohltuend für Geist und Körper. Zuhause arbeiten und nicht dem Stress ausgesetzt. Morgens und nach Feierabend. Bequem online einkaufen und schicken lassen. Endlich mehr Zeit, sich den Kindern zu widmen. Vernachlässigtem Sport oder Klavierspiel, Bücher lesen. In Ruhe über sich selbst nachzudenken. Anders als Goethe auch über die Zukunft.

Die ihrer Kinder, die der Natur. Werden unsere Flüsse, Seen, Wälder noch dieselben sein? Rehe nicht scheu, unsere Nähe noch suchen? Wale, Delphine, Perlmuscheln und Korallen uns erhalten bleiben? Trotz Megatonnen Kunststoffresten im Meer? Wie wird die Zukunft von immer mehr

Menschen aussehen? Bald werden es 10 Milliarden sein. Auch Schwellenländer wollen wachsenden Wohlstand erleben.

Gesellschaftsforscher und Philosoph Meinhard Miegel fragt in seinem Buch «EPOCHENWENDE»: Kann der Westen die Zukunft gewinnen? Der, satt wie nie bisher, auf seinen Lorbeeren ausruht und glaubt, seine Zukunft sei gesichert. Aufstrebende Staaten aber wollen genauso erfolgreich sein. Nutzen die selbstgefällige Haltung des Westens und ergreifen jede sich bietende Chance. Höre den bekannten Satiriker Urban Priol lästern:

«Soll Corona se schon drübbe vertilge. Bevor se zu us rübber komme. Dass mr endlich unsere Ruh widder habbe».

Ja, Corona hat uns unruhig gemacht. Nachzudenken, was ist zu tun? Wie wird es sein, wenn alles vorbei ist? Und das kann doch nicht falsch sein. Auch unsere Politiker nehmen jetzt jede Gelegenheit wahr, uns wissen zu lassen, dass sie Corona nicht im Griff haben. Sie bräuchten uns dazu. Allein schafften sie es nicht, den Normalzustand wieder herzustellen. Die sie fragen, geben verschiedene Antworten. Mal hüh, mal hot. Mal Professor, mal Lauterbach. Mal Kanzleramts-Kandidat Markus Söder. Mit markigen Worten macht er nicht nur seinem Vornamen Ehre. Auch den Bayern im Allgemeinen. Franz Josef, der erste Strauß im ehemaligen Königreich, auch so einer. Machte kein Hehl daraus, Kommunisten zu hassen. Lancierte aber einen Milliarden-Kredit an den zahlungsunfähig gewordenen SED-Staat im Osten Deutschlands. Er wollte Kanzler werden und spielte den Kommunistenfreund. Maske oder ernst gemeint? Das war die Frage. 1982, als alles noch geordnet schien. Die Grenze geschlossen. Zweimetermauern von keinem Überläufer zu überklettern, man hätte ihn erschossen.

Corona hätte niemand erschießen können. Kein Scharfschütze, selbst wenn das Zielfernrohr von Zeiss am Gewehr hundertmal vergrößerte. Man kann gut nachvollziehen, dass Corona sich freut, so miniklein zu sein. Nutzt dieses Mikrominimum, unerkannt Grenzmauern zu durchdringen. Zollkontrollen zu ignorieren, Überwachungsvereine, Radar. Ohne Flug-Ticket von Fledermäusen oder anderen Flügelwesen dahin gebracht, wo Nahrung lockt. Ställe bevorzugt, in denen aus Küken Suppenhühner werden. Und – eh man sich versieht – auf dem Teller landen.

Corona sieht kein noch so wachsames Auge. Kein Geheimagent verfolgt seinen Weg. Sodass er wie durch Zauberhand in eine menschliche Zelle gelangt. Okkupiert sie mit großer Freude. Verzehrt ihr Innerstes mit noch größerem Appetit. Menschen merken es erst, wenn es fast zu spät ist. Fieber, Appetitlosigkeit, Widerwillen gegen alles. Intensivstation. Man kann die allgemeine Unsicherheit verstehen. Die Angst, etwas anzuordnen, was sich nach einer Woche schon als falsch erweist. Politiker möchte ich nicht sein.

12

Bleibe, der ich geworden bin und übe Nachsicht. Allen gegenüber, die mir Unrecht getan. Kein Wort mit mir gewechselt haben. Mich nicht kennenlernen wollten. Keines meiner Bücher gekauft. Meine Vorträge und Ausstellungen besucht. Oder mich in einen Aufzug gesperrt. Ich bin bereit, allen im Namen Gottes zu vergeben, auch ohne von einem Erzbischof mit dem Segen des Papstes zum Priester geweiht zu sein.

Will es auch gar nicht. Denn man munkelt, diese Schwarzröcke sollen das ideale Ziel von Viren generell sein. Nicht nur Corona, auch anderer Erreger. Alle schaden der Gesundheit, machen Körper oder Seele krank. An solchen Viren können Menschen sterben. Die Statistik macht keinen Unterschied. Tote sind tot, auch an Corona gestorbene Priester. Ursache eine Infektion wegen Fahrlässigkeit oder Fehlverhalten. Krank, soviel wie tot, wegen sexueller Andersartigkeiten. Pädophilie zum Beispiel.

Als 2019 bekannt wurde, dass der Gründer der «Legion Christi» ein Päderast war, schlief Corona noch im Gefieder einer Fledermaus. Nahe der Stadt Wuhan in China. 7359,25 km Luftlinie entfernt bis Berlin. 12462,70 km entfernt bis Mexiko-

Stadt. An Corona dachte kein Mensch. Ein mexikanischer Pater aber hatte die Idee, einen Verein für Knaben zu gründen. Marcial Marcel sein Name. Pubertäre, noch biegsam und begeisterungsfähig. In Internaten und Schulen sollten sie zu Streitern für die Römisch Katholische Kirche erzogen werden. Papsttreu und verpflichtet, die Wahrheit zu bekennen. Für die einzig wahre Religion, den römisch-katholischen Glauben zu kämpfen. Alles Neue sei des Teufels und abzulehnen.

Rom jubelte und finanzierte weltweit viele Schulen, Internate und Bildungsstätten. Nicht ahnend, dass der liebe Pater Marcial Marcel seine Schüler unter der Maske des verständnisvollen Freundes sexuell missbrauchte. Bis Eltern von ihren Söhnen erfuhren, was dort wirklich geschehen. Entschlossen, die Maske der Scheinheiligkeit herunter zu reißen, sodass alles öffentlich wurde.

Wer ein Mea culpa erwartete, wurde enttäuscht. Pädophile Priester-Pädagogen von Bischöfen gedeckt. Die Maske der Scheinheiligkeit wieder vor dem Gesicht, Verantwortung geschworen. Es könnte der Kirche schaden, würde es bekannt. Ob es den Jungen geschadet, erwähnten sie nicht.

Halten fest am Zölibat. Weil nur Verzicht auf Frau und Familie garantiere, dass Priester nicht von ihrer Aufgabe abgelenkt werden. Gelobt, ihr ganzes Leben, ihr ganzes Sein Gott, der Kirche und den Menschen zu widmen. Außerdem war Jesus nicht verheiratet und die meisten seiner Jünger. Männer seien dazu bestimmt, den christlichen Glauben zu verbreiten. Und mit seinen ewigen Wahrheiten für alle Zeit zu sichern.

Ein sofortiges Schuld-Bekenntnis hätte der Kirche nicht geschadet. Im Gegenteil. Menschliches, Allzu menschliches Verhalten wird verstanden und am Ende auch verziehen. Vorausgesetzt, man zieht die Konsequenzen. Entlässt solche Priester aus dem Amt. Obwohl sie auf Lebenszeit geweiht. Rom müsste sich den veränderten Verhältnissen anpassen. Den Menschen der Jetztzeit gerecht werden. Nach wie vor aber gilt: Einmal Priester, immer Priester. Die ersten Priester Männer, also immer Männer. Frauen haben zu schweigen und zu dienen.

Seit zwei Jahren versucht der Verein «Maria 20» die Kurie in Rom zu bewegen, auch Frauen zum Priesteramt zuzulassen. Aber was, wenn Lesben dass gleiche tun wie die pädophile Männer? Internate gründen, um 12jährigen Mädchen näher zu sein als erlaubt?

Nach Odenwaldschule 2010 und Marcial Marces in Mexikos Internaten hat der Skandal zu klärenden

Gesprächen geführt. Zwischen Verantwortlichen und Tätern. Erste Verhandlungen vor Gericht. Die Urteile milde, Eltern und ihre Anwälte forderten härtere Strafen als Geldbuße und Lehrverbot. Das Urteil des Gerichts beeinflusst vom Argument sachverständiger Psychologen: Täter wollen nachholen, was sie in ihrer Kindheit vermissten. Nichts anderes als geliebt werden. Von Erwachsenen enttäuscht sehen sie in Kindern eine Chance. Sich auch sexuell zu befriedigen.

Die zuständigen Bischöfe versetzen überführte Päderasten an einen anderen Ort. Ob sie ihre Obsession loswerden, darf bezweifelt werden.

Homophilie ist angeboren, wie ein krankes Herz oder ein Talent. Der Kampf dagegen aussichtslos. Wie Sisyphus gezwungen, immer wieder von vorne anzufangen. Besser wäre es, zu bekennen und die Konsequenzen ziehen. Fernab aller Schulen sich als Einsiedler fragen, kann ich nicht mich selber befriedigen? Wie Onan im Alten Testament. Der die Witwe seines Bruders nicht heiraten wollte. Nur das jüdische Gesetz erfüllen, um Söhne zu zeugen. Onanierte und nahm in Kauf, dass man ihn tötete. Die Kirche könnte einen Päderasten stattdessen von allen Verpflichtungen befreien. Und sich selbst vom Vorwurf der Verschleierung.

Masken, wie die der Scheinheiligkeit, sind schnell entlarvt. Immer schon. Wenn sich ein Mutiger zu Wort meldet. Luther nannte in seinen Predigten die Römische Kirche Ausbeuter. Die mit dem Peterspfennig nur sich selbst bereichere. Statt es, wie versprochen, den Armen zu geben. Der Werbespruch von Wanderpredigern klingt höhnisch aus heutiger Sicht. Damals aber veranlasste er alle, die Höllenstrafen fürchteten, reichlich zu spenden:

Wenn die Münz im Kasten klingt – die Seele in den Himmel springt.

Erst als nach dem zweiten Weltkrieg BBC-Filme über Auschwitz gezeigt, wurde den Nazis die Maske vom Gesicht gerissen. Sichtbar die Fratze von Teufeln in Menschengestalt.

Heute dank Digitalisierung mit allen Einzelheiten. Verbreitet schneller als vom Wind. Auf Datenbahnen kreuz, quer und diagonal rings um den Globus. Verfechter dieser Technik prognostizieren das Ende aller Geheimnisse. Transparent wird alles und jedes. Zum Wohle des Einzelnen, der Menschheit insgesamt. Übertrieben, wie fast alles heute übertrieben wird. Denn auch technischer Fortschritt hat zwei Seiten. Den einen hilft, anderen schadet er. Da fällt mir eine Meldung ein, die vor etwa zwei Jahren alle Medien elektrisierte.

Alle vierzehn in einem Stollen verschüttete Kinder wurden gerettet. Weil sie mit ihrem Handy um Hilfe gerufen. Auch aus afrikanischen Dschungeln melden sich Forscher, aber auch verunglückte Touristen. In zentralistischen Staaten wie Russland, China, Iran und vielen Diktaturen weltweit gehen junge Menschen auf die Straße. Protestieren und verlangen Freiheit. Seit sie dank Smartphon wissen, andere sind frei. Können ihre Meinung äußern, ohne bestraft zu werden, im Gefängnis oder einem Arbeitslager verschwinden.

Das ist die gute Seite des technischen Fortschritts. Wie alles hat auch dieser eine zweite Seite. Fortschritt ist auch Rückschritt, wenn er missbraucht wird. Seit neuem zur Kontrolle von Menschen, ohne dass sie es merken. Steuern ihren Alltag, um sie im Interesse eines Systems zu manipulieren. Schon im 19. Jahrhundert erkannte Karl Marx': Technischer Fortschritt macht wenige reich. Die meisten arm, weil sie ihre Arbeit verlieren. Bei den Webern im 19. Jahrhundert war es nachweislich so. Maschinen ersetzten Weben von Hand. Schneller und billiger. Eroberten die ganze Welt. Zu Gunsten derer, die mit ihren Webmaschinen Millionen verdienen.

In meinem letzten Buch bezeichnete ich Bill Gates, Gründer und CEO von Microsoft als Scheinheiligen. Jeder weiß, er ist einer der reichsten Männer der Welt. Verkündete kürzlich, er spende Millionen, die Armut in der Welt zu bekämpfen. Bildung zu fördern. Ich hielt es für Public-Relation. Der reiche Bill nach außen hin ein Vorbild der Nächstenliebe. Milliardenreich und deshalb genötigt, Mitleid mit Armen zu äußern. Schön wär 's, wenn es stimmte.

Gestern sah ich im Fernsehen ein Interview mit ihm in Maischbergers «Die Woche. In der die Moderatorin Entscheidungsträger zu aktuellen Problemen befragt. Diesmal die Pandemie und ihre Folgen für Menschen, Wirtschaft und Gesellschaft als Ganzes. Entschloss mich spontan, mein negatives Bild von Gates zu überprüfen. In diesem Buch zu korrigieren, wenn anderes ihn motiviert als ich annahm.

Bill liebt die Computertechnik, das Spielen mit Daten. Schon mit Zwölf erfand er eine Software. Sein Microsoft unentbehrlich, wie jeder weiß, der am Computer arbeitet. Er sei sich dieser Macht bewusst und handele fair. Unternehme alles, sein datenermitteltes Wissen zu veröffentlichen. Schon seit Jahren warne er vor Pandemien. Politik müsse sich und die Gesellschaft darauf vorbereiten, dass nichts mehr sicher ist. Die klügsten Köpfe beschäftigen. Um negative Einflüsse auf Gesundheit, Verhalten und Ökonomie abzufedern. Jedem Kind eine ihm gemäße Bildung zu ermöglichen. Arme Länder mehr als bisher zu unterstützen. Helfen, damit sie sich selber helfen können.

Maischberger, wie immer der Stachel im Fleisch des Gegenüber, fragte ihn nach seiner Familie, Frau und Kindern. Sicher sei er so sehr beschäftigt, dass er keine Zeit für sie habe. Bill schwieg einen Moment, als suche er ein passendes Wort. Wissend, es schauen Millionen zu:

„Bevor ich Melinda heiratete, wägte ich Vorteile und Nachteile einer Ehe ab. Hatte auf faire Partnerschaft gesetzt. Das Resultat überraschte mich. Phänomenal kann ich nur sagen. Meine Ehe mit Melinda hat mir geholfen, als Mensch zu reifen. Nicht mehr jedes Wochenende gearbeitet. Sondern mit ihr meine Probleme besprochen. Mit meinen Kindern gespielt. Mit ihnen spazieren gegangen, im See gebadet und viel Spaß gehabt. Mehr als beim Programmieren von Algorithmen."

Alle seine Arbeiten für Hersteller von Impfstoffen seien ehrenamtlich. Er ermögliche über Stiftungen, Probleme anzugehen, die die ganze Menschheit betreffen. Und Lösungen zu finden, die auch ärmere Länder sich leisten können. Der Klimawandel sei ein größeres Problem als die Pandemie. Er finanziere ein neues Vorhaben, mit Kernkraft Energie zu produzieren, klimaneutral und völlig ungefährlich. Er habe Angela Merkel eingeladen, sich davon in der Versuchsanlage zu überzeugen.

Wäre ich ein Computer-Freak, würde ich ihm alles unbesehen glauben. Bill Gates, Erfinder einer neuen, weltumspannenden Kommunikation, ein Gott. Alldieweil ich aber auf meinem PC nur ein simpler Tastentipper bin, habe ich so meine Zweifel. Ob alles so ist, wie es jetzt klingt, weiß ich nicht. Wer so reich ist, kann leicht großzügig sein. Auch in Australien Urheberansprüche bezahlen. Ein neues Mediengesetz zwingt Internet-Konzerne, an Zeitungen und Fernsehen Honorare zu zahlen, wenn sie deren Berichte veröffentlichen. Bill Gates' Microsoft zahlt, weil das Gesetz auf demokratischem Weg zustande kam. Google und Facebook kündigen an, Australien zu verlassen. Wenn sie Europa verließen, hätte ich ein Problem. Dann müsste Bill Gates helfen und Microsoft googlen können.

Seine Zuversicht, mittels Atomkraft schädliche Emissionen zu vermeiden, könnte begründet sein.

Das Problem wärmer werdenden Klimas relativieren, wenn nicht lösen. Von einem neuen Verfahren mittels Atomkraft erfuhr ich vor einiger Zeit bei einem Interview mit einem chinesischen Forscher im Schweizer Fernsehen SRF. Namen vergessen, aber das Prinzip des Verfahrens im Kopf. Er hatte als Stipendiat der Humboldt-Stiftung im Kernforschungs-Zentrum Jülich an neuen Verfahren mitgearbeitet. Nach dem Unfall 1986 in Tschernobyl stoppte die deutsche Regierung die Finanzierung und löste das Zentrum auf. Die Rezeptur nahm er mit nach China. Dort ist sie mittlerweile bis zur Marktreife entwickelt. Bin kein Physiker und weiß nicht, ob ich alles richtig verstanden habe.

In Erinnerung blieb: Statt wie bisher mit wenigen Brennstäben und hohem Uran-Gehalt werden um die 400000 linsenkleine Kügelchen mit je 2 mg Uran in einem mehrfach isolierten Behälter mit Neutronen beschossen. Die Atome zu spalten und die gewonnene Hitze zur Herstellung von Strom zu nutzen. Kühlmittel kein Wasser wie bisher, sondern Gas. Isoliert mit Keramik statt Metall wie bisher. «Kugelhaufen-Reaktoren» nennt man solche Strom-Erzeuger.

Man hat immer wieder getestet, was passiert, wenn die Kühlung ausfällt. Ursache der Unglücke in Tschernobyl und Fukushima. Die Kühlung reduziert und dann ganz abgeschaltet. Den Behälter mit den Kügelchen hohen und höchsten Temperaturen ausgesetzt. Nichts implodierte, nichts führte wie in Tschernobyl oder Fukushima zur Kernschmelze. CO_2 Emissionen wie bisher, keine. Es scheint, Kugelhaufen-Reaktoren können den Klimawandel positiv beeinflussen.

Der Name klingt geradezu volkstümlich. Ob er auch Grüne überzeugt? Alle die Menschen, die damals auf die Straßen gingen und protestierten: «Atomkraft? Nein danke» im gelben Kreis mit der Sonne im Zentrum. Angst ist immer noch das stärkste Gefühl im Menschen. Das sie antreibt, auch wenn es irrational und sachlich unbegründet ist. Doch Wissen erfordert Lernen. Glauben kann man alles, ohne studiert zu haben.

Religionen beweisen es, seit es sie gibt. Aber auch Politiker machen es uns vor. Schwarz, Rot und Grün liegen sich in den Haaren. Debattieren darüber, wie man Bürger am besten überzeugt, mehr Geld auszugeben als sie verdienen. Fassaden isolieren, auf Dächern Solarplatten installieren. Das letzte Grad Wärme aus allem zu holen, was uns umgibt. Windräder auf ihren Äckern dulden. Statt im Elektro-Auto besser auf klimaneutralem Fahrrad unterwegs sein. In kaltem Wasser baden, es mache immun gegen Krankheit und Fettleibigkeit. Unterdrücken solle man alles, was schadet. Auch das Furzen lassen. Methangas sei schädlicher als CO2. Wem soll man glauben? Und was vor allem?

Kurz vor Mitternacht gab Karl Lauterbach mir und allen Zuschauern der «Mathias Richling-Show» gute Ratschläge in der aktuellen Corona-Krise. Richling, bissig, hinterfotzig und verwandlungsfähig wie kein zweiter Comedian. Spielte Ministerpräsident Söder, Frau Merkel und eben diesen Karl Lauterbach. Zum Verwechseln ähnlich in Aussehen, Mimik und Wortklauberei. Noch die kehlige, gedehnte Stimme des SPD Hofberichterstatters im Ohr. Gesundheits-Ökonom und Besserwisser in einer Person:

„Corooona ist allgegenwärtig. Corooona wird uns noch lange in Atem halten. Verzeihung, den Atem kürzen, den Atmen einfach wegnehmen, um es deutlich zu sagen. Verzeihung muss, ja muss es Ihnen und allen sagen, die nicht auf den Bildschirm glotzen, Verzeihung, vor dem Fernseher sich gemütlich machen. Hören und sehen wollen, was passiert. Wenn wir so weiter machen wie bisher. Es wäre besser, man sperre jeden von uns in eine Einzelzelle. Füttere uns über ein Rohr. Über ein anderes den Scheiß – Verzeihung, mir fällt kein anderes Wort dafür ein – also den Scheiß, den jeder fabriziert, in den Weltraum blasen. Bis in die Stratosphäre. Wo es nach meiner Kenntnis keinen Schaden hier unten mehr anrichtet."

13

Zurück zu Techniken, die die Welt verändern sollen, können, möchten. Solarplatten, Elektro-Autos, Kugelhaufen-Reaktoren oder Lauterbach-Fantasien. Alles Neue hat wie Altes zwei Seiten. Man kann es nicht oft genug wiederholen. Und es am Beispiel einer Münze für jeden verständlich machen: Zwei Seiten hatte der römische Denar vor 2000 Jahren. Die Euro-Münze heute. Aber nur eine, an der man ihren Wert erkennt.

Auch ein Mensch hat mehr als eine Seite, Merkmale seines Charakters. Aber nur ein Gesicht, an dem man ihn erkennt. Oder auch nicht, trägt er eine Maske. Oh je, schon wieder bei Corona gelandet. Wenn wir schon einmal dabei sind, gleich die Frage: Hat eine Maske nicht auch Vorteile? Den, sich zu verstecken? An Karneval zum Beispiel. Besonders in Venedig mit seiner großen Vielfalt an Masquere di carnevale.

Gefeiert seit 1162, nach dem Sieg Venedigs über Aquilea. Zeitweilige Hauptstadt des Oströmischen Reiches. Unter dem Dogen Vitale Falier 1094 erstmalig in den Registern erwähnt. Im 13. Jahrhundert die ersten Umzüge maskierter Zünfte. Im 18. Jahrhundert zu Lebzeiten Giacomo Casanovas die größte Pracht entfaltet. Die Sitten lockerer als je zuvor. An zehn Tagen in allen Gassen, auf Plätzen und Kanälen gefeiert. Vom 24. Februar bis 5. März. Mehr als drei tolle Tage wie bei uns. Maskenpflicht für jeden an Karneval. Da wie hier von ungeschriebenem Gesetz veranlasst, sich unkenntlich zu machen. Ob heute unter solchen Masken auch Nasen- und Mundschutz vorgeschrieben, wird nicht öffentlich diskutiert. Bleibt jedes privates Geheimnis. Unter der Maske des Harlekin kann man es vermuten. Oder auch nicht. Italien seit eh und je das einzige Land Europas, in dem Möglichkeiten einen höheren Stellenwert besitzen als Wirklichkeiten. «Possibilitá piu qualora Realitá».

Venedig war ein Stadtstaat im Flickenteppich von Herzogtümern, Königreichen, konkurrierenden Stadtstaaten und dem Vatikan. Mit allen Rechten und Befugnissen. Steuereintreiber und Geldverteiler in einem. Bis heute Wahrer der Tradition und Veranstalter des zehn Tage währenden Vergnügens an Carnevale. Bei dem Paolo in Siena ist es ähnlich. Einem einmal jährlich stattfindenden Pferderennen. Tiere auf den Standarten unterscheiden die Stadtbezirke, die miteinander wetteifern: Giraffe, Schnecke, Raupe, Eule, Wildschwein, Adler und anderen. Quasi Masken, die Realität zu verdecken.

Der Name des Reiters unbekannt. Es siegt die Schnecke, nicht Signore Luigi Falfanicetto.

Maske war und ist Pflicht in Venedig wie bei uns. Unterzutauchen in Anonymität. Deshalb blühte schon früh das Gewerbe der Masken-Bildner. Aber auch alle Betriebe, die das Feiern befeuern. Feuerwerke produzierten. Glaskugeln für Wahrsager. Kräutermixturen für Quacksalber. Eisendrähte, von Schmieden zu Käfigen gebogen, in denen ungezähmte Löwen Zähne zeigen, ohne zubeißen zu können. Drucker von Lotteriezetteln, Massen Menschen zu veranlassen, auf Risiko zu spielen. Turnvereine, junge Männer zu trainieren, sich zu menschlichen Pyramiden aufzutürmen. Beidseits des Canal Grande sich Bälle zuwarfen. Seilwinder besonders stramme Seile produzierten. Damit sich Akrobaten bewundern lassen konnten. 1548 zum ersten Mal nachgewiesen.

Höhepunkt an Carnevale der sogenannte Engelsflug.

«Volo degli angelo».

Das Seil von einem Ponton auf dem Canal Grande bis zur Spitze des 98 m hohen Campanile gespannt. Von dort hinunter bis auf die Tribüne vor dem Dogenpalast. Der Akrobat tänzelt vom Ponton schräg hinauf bis auf die Spitze des Campanile. Auf schwankendem Seil verfolgt von ängstlichen Blicken. Streut, oben angelangt, großzügig Blumen in die Menge unter ihm. Bevor er wieder unten auf der Tribüne, strahlend nicht enden wollenden Beifall entgegennimmt.

Venedig an Carnevale ohne Masken nicht vorstellbar. Nicht die zurzeit bei uns per Gesetz gezwungenen. Masken, die demonstrieren sollen, was wir nicht sind: Ein einig Volk von Brüdern. Nur die Schweiz hat es als einziger Staat demokratisch realisiert. Den 26 Kantonen ihres Landes erlaubt, ihre eigene Corona-Strategie zu praktizieren. Eine, die möglichst allen gerecht wird und niemandem schadet. An Fasnet hat jeder Kanton seinen Narrentypus. Basler Köpfe mit Hörnern oder Riesengebiss. Typisch für ihre Art, Obrigkeit und Mitbürgern das Fürchten zu lehren.

In Venedig, der Stadt in der Lagune, könnten es demnach Millionen Masken sein. So viel wie Eichenpfähle, auf denen sie gegründet. Jeder der Einwohner ein Individualist mit mehr als einer Maske. Mal der, mal ein anderer sein. Deshalb diese Maskerade an Carnevale. Nicht nur das Gesicht versteckt, der ganze Mensch ein anderer, Einer, der er sein möchte. Nicht bis ins Groteske übertrieben wie bei uns:

Glatzen unter einer ondulierten Allonge-Perücke versteckt. Bauch oder Brüste auch am Rücken wippen. Waden in eng anliegenden Strümpfen schöner erscheinen als sie sind. Plattfüße in Lackstiefeln in die Länge gezogen bis übers Knie. Zu klein geratene Zeitgenossen auf hölzernen Stelzen von oben herab den Riesen mimen: Macht Platz, jetzt komme ich, tak, tak. Reiche in Lumpen bitten um eine milde Gabe. Alle sind verrückt um jeden Preis. Zu sein, der sie aus verschiedensten Gründen nicht sein dürfen oder wollen. Einmal im Jahr, wenigstens. Unerkannt alle, bemüht, den anderen zu täuschen. Bekanntschaften zu machen mit ebenso verrückten, um eventuelle Folgen leugnen zu können.

Letzteres auch in Venedig. Nur hat es einen Charme, den man nördlich der Alpen nicht kennt. Italiener zeigen, dass sie Künstler sind, bei welchem Anlass auch immer. Nicht originell um jeden Preis. Erinnere, im letzten Krieg schützte man wertvolle Skulpturen von Michelangelo und anderen Meistern in der Galleria del arte. Ummauerte sie in Form ovaler Bienenhäuser. Die Interesse weckten und neugierig machten. In Deutschland wären sie quadratisch ausgefallen. Preußisch korrekt. Ohne jegliche Emotion.

Seit Fellinis Filmen sind historische Masken wieder gefragt. Geradezu Publikumsmagnet für Millionen Touristen, die nicht ohne eine Venezianische Maske heimkehren wollen. Geschäfte mit riesiger Auswahl überall. Die prunkvollsten, fantasiereichsten bei «La Macana», «Magie de Carnevale». Immer mehr Ateliers stellen Masken her, die man aus einem Stück der beliebten «Commedia del Arte» kennt. Wie Anno Dazumal aus Pappmaché: Harlekin. La Tragica. La Comica. Die Maske des Plague-Doctors. Mit Umhang und schnabelförmiger Maske, Pestkranke zu behandeln ohne sich anzustecken.

«La Bauta» beliebt, weil preiswert, der erste Typ von Maske in Venedig überhaupt. Weiße Maske, die das ganze Gesicht verdeckt. Am Kinn leicht vorspringt, um essen und trinken zu können. Mit Dreispitzhut und «Zendale», einem Umhang der Mensch komplett verdeckt. Von niemandem erkannt.

Da fällt mir eine storia ein: In den 1920er Jahren habe ein reicher Kaufmann allen Bewohnern des ältesten und ärmsten Stadtviertels Dorso Duro eine «Bauta» geschenkt. Männer, Frauen, Alte und Junge zum Verwechseln ähnlich. Selbst seit Jahrhunderten eng nebeneinander dort lebende Familien hätten ihre engsten Verwandten nicht mehr wiedererkannt. Sie sollen geschimpft, sich geprügelt haben. Versucht sich die Maske gegenseitig vom Gesicht zu reißen. Doch die hielt, was sie versprochen. Im Gegensatz zu flexiblen Masken, die bei uns staatlich verordnet werden. Ein Spalt nur offen und schon weht ein Lüftchen dir Corona ins linke Nasenloch.

In Dorso Duro würde er jetzt keine Chance haben. Trügen dort alle eine Bauta, von Dreispitz und Umhang allseitig geschützt. Feierten solange Carnevale, bis der letzte Corona-Virus ausgehungert, stirbt. Auf einer Barke nach San Michele, der Venedig vorgelagerten Toteninsel gefahren. In einer feierlichen Prozession beerdigt und vom Patriarchen zum Abschied an seine Herkunft erinnert. „Ein Nichts wirst du werden, ein Nichts, das du warst." Und segnete ihn mit geweihtem Wasser.

In dunkler Tiefe träumt Corona entweder von Auferstehung in Madrid, Helsinki oder New York. Oder, was viel wahrscheinlicher ist: Er, es oder sie bewegt sich unbemerkt durch Kies, Lehmschichten und sandiges Geriesel an die Oberfläche. Und wartet. Wartet, bis sich eine der Trauernden im kurzen Schwarzen von Coco Chanel vor dem Grab niederkniet. Man glaubt nicht, wie lebensfähig solche Viren sind. Was sag ich, überlebensfähig. Unsterblich, würde Karl Lauterbach drohen.

Venedig überstand seit seiner Gründung schon so manche Krise. Lange, bevor Corona, wie jetzt, die schönste Stadt der Welt erwischte. Zweimal im Jahr überschwemmte Hochwasser Straßen und Plätze. Drang in die Häuser. Mit einer Regelmäßigkeit, aus der Venedigs Bewohner ihre Schlüsse zogen. Sie ignorierten es einfach. Ein paar Planken reichten, halbwegs trockenen Fußes ihre Geschäfte zu erledigen. Ließen alte Zeiten wieder aufleben. Als Venedig noch das Zentrum der westlichen Welt war. Die reichste Stadt Europas. Vom Handel mit Seide, Rohstoffen, Gold und Edelsteinen aus fernen Kontinenten. Acqua alta passato, erst wieder im Mai.

Man hat auch heute den Eindruck, als feierte Venedig das ganze Jahr. Masken schauen Passanten an. Oder gaukelt Fantasie es uns vor? Im Bewusstsein, Masken sind eine venezianische Erfindung. Träume aus Tausendundeiner Nacht? Masken in schmalen Schau- und runden Augenfenstern von Eingangstüren. An vielen Fassaden marmorne, aus deren Mündern Wasser in Becken rinnt. Aus Holz geschnitzt an Brückengeländern. In engen Gassen baumeln sie an Schnüren zwischen den Fassaden. Neben Büstenhaltern, Schlüpfern und Hemden. Die der Wind so beutelt, dass sie wie Masken aussehen. Man hat das Gefühl, als verfolgten sie einen bis in den Schlaf. Blinken und blitzen und schauen dich an: Nimm mich mit! Nimm mich mit auf die Reise.

Auf den Piazze grinsen in Bronze oder Marmor gealterte Löwen, als würden sie ewig leben. Die oberen Etagen wasserumspülter Paläste nutzen Familien aus aller Welt dazu, Hochzeit zu feiern. Firmen Jubiläen. Kunstsammler, Ausstellungen zu veranstalten. Mit Bildern und Skulpturen von Künstlern aus aller Welt. Peggy Guggenheim, berühmteste Mäzenatin moderner Kunst wäre jetzt 120 Jahre altgeworden. In ihrer Galleria am Canal Grande haben wir Frühwerke von Brancusi, Mondrian und Picasso gesehen und verinnerlicht. Wie alles in dieser Stadt.

Auch wir besuchten wie viele Venezianer an Carneval Theater und Konzerte. Im ältesten «Teatro la Fenice» Mozarts Don Giovanni vom Logenplatz aus gesehen, so bequem wie noch nie. Zweihundert Jahre früher hätten wir im unbestuhlten Parkett zweieinhalb Stunden stehen müssen. Logen nur für den Dogen, reiche Kaufleute, deren Frauen und Kirchenfürsten. Drei Tage nach unserem Besuch zerstörte ein Brand alle Logenplätze, Bühne und die komplette Innenausstattung. Ein Elektriker hatte das Feuer entzündet, um nicht 8000 Euro Strafe zahlen zu müssen, weil er den Termin nicht einhalten konnte. Man fasste ihn kurz danach und verurteilte ihn zu zwei Jahren Gefängnis. Das Theater brauchte vier Jahre, um wieder zu sein, was es war.

Damals suchten wir im folgenden Jahr eine Alternative. Und waren im «Teatro Goldoni» von John William und acht Saiten seiner klassischen Chitarra allem Irdischen enthoben. Musik in Italien Lebens-Elexier. Allheilmittel für Mittellose. O sole mio auf Straßen, Plätzen und Balkonen der Häuser. Leben und leben lassen.

Ganz anders die Weltanschauung bei den Indios in Mexiko. Während bei uns das Leben gefeiert wird, feiert man dort den Tod. Er ist ihr Freund, kein Feind. Fürchten ihn nicht, sondern lieben ihn. Weil er sie an Verstorbene erinnert. Streuen an Allerseelen Blumen von ihrem Grab bis an ihr Haus. Damit sie den Weg finden. Dahin, wo die ganze Familie sie erwartet. Bei festlichem Essen sprechen alle mit ihnen. Erinnern an dies und das. Erzählen aber auch, wie sie sich heute fühlen. Was sie fürchten oder genießen. Damit die Toten im Bilde sind und wissen, es geht ihnen gut. Sind sie gegangen, isst die Familie das, was ihnen die Toten übrig gelassen.

Allerseelen der Anlass, nicht Karneval wie sonst fast überall auf der Welt. «Dia de los Muertos» nennen sie ihn. Tag der Toten. Das Symbol ein Totenschädel. Als Maske in zahlreichen Varianten überall zu kaufen. Plastisch geformt oder aufs Gesicht gemalt. Kunstvoll oder bei Kindern angedeutet.

Hemden mit beidseitig aufgemaltem Gerippe. Auf dem drei Tage währenden Markt werden Brote in Form von Knochen angeboten. Aus Zucker gegossene Totenschädel, Minigräber mit einem Blumenstrauß. Hunderterlei Kleinigkeiten, Knochen oder Knöchelchen aus Schokolade. Oder zu Pralinen geformte Totenschädel, in Gold- oder Silberfolie gehüllt.

Teller, Schüsseln für das Festmahl bemalt mit Totenköpfen. Spielkarten für Erwachsene dito. Kindern schenkt man Puppen mit einem Totenkopf. Das Bettchen wie ein Sarg. Die Decke ziert das Gerippe einer Hand. Sie spielen mit ihnen wie mit ihren Anziehpuppen. Freuen sich wie Erwachsene, dass ihr verstorbenes, immer noch geliebtes Püppchen einmal im Jahr wieder bei ihnen ist. Wie Blumen in jedem Frühling wiederkommen. Nichts ist verloren. Jahrtausende alter Indioglaube.

14

All das ist jetzt nicht mehr. Mexiko zu fremd, um betroffen zu sein. Venedig, das wie lieben, in Nebel gehüllt. Nur Erinnerung. Ausgelöst nicht von einem Erdbeben, Tsunami, aus dem All auf die Erde gestürztem Meteoriten. Oder untergegangen im Strom der Gezeiten. Ganz und gar nicht, nein. Von einem nur elektronenmikroskopisch wahrnehmbaren Minimum. Oder, genauer gesagt, von Heerscharen solcher Minima. Die nichts anderes tun, als fressen. Keine Masken tragen, auch nicht an Karneval. Keine Paläste errichten auf Eichenholzpfählen wie in Venedig. Nicht einmal Pfahlbauten im Niedrigwasser des Bodensees. Eine Hundehütte im Hof des Nachbarn. Einen Hühnerstall, obwohl sie Hühner mögen. Sich freuen, wenn sie auf irgendeine unbegreifliche Weise dorthin gelangen. Von wo sie im Löffel der Menschen landen. Von da nicht weit, um sich an den inneren Organen des Homo Sapiens zu laben. Und ungeniert zu vermehren.

Es könnte das Ende Venedigs, unserer geliebten «La Serenissima» sein. Der Erlauchtesten, vor über 800 Jahren gegründeten schönsten Stadt der Welt. In der alt und berühmt gewordenen nicht mehr genießen können, dass sie sich seit eben dieser Zeit ständig erneuert, verjüngt. Zuletzt aber auch modernisiert, dem Tourismus zuliebe. Zigtausend Venezianer flohen bereits. Weitere werden folgen oder von Corona umgebracht. Wäre da nicht unsere Sehnsucht. Träumten wir nicht vom Ende der Pandemie. Einer von den Toten wieder auferstandenen Serenissima. Doch alles bleibt ungewiss. Solange jedenfalls, wie Gesundheitsminister nicht überzeugend darlegen können, wie sie Corona besiegen können. Den gefährlichsten Diktator, den es je gab. Der nicht nur ein Volk, sondern die ganze Menschheit versklavt und vergewaltigt hat.

Ich für meine Person distanziere mich von allem Geschwätz, aller Kritik. Nehme eine andere Position ein. Weder die von Klageweibern, noch derer, die meinen, ewig meckern müssen. Sondern die eines Gläubigen, der ich einmal war. Vor fast einem Jahrhundert. Unbeleckt vom Zeitgeist sich selbst zu entdecken. Jetzt will ich herauszufinden, wie man Corona überlebt. Und verfolgten mich auch tausend Zweifel. Befürchtungen, Todesängste.

Nehme mir vor, auf Essen und Trinken zu verzichten. Im warmen Bett liegen zu bleiben. Würde die Stunden zählen, Tage, Wochen und Monate.

Bis ich nicht mehr zählen kann. Schwach und schwächer werde, nur noch bin, was ich bin: Geist, der sich erinnert. Nichts anderes als Schönes, das einmal war. Was aber, wenn Schönheit nur eine Maske ist? Hinter ihr existierendes zu verbergen? Eine Wahrheit, die nicht nur schön, auch gleichzeitig grausam ist? In Venedig und überall auf der Welt? Nur maskiert, wie alles, was wir gesehen. Das hinter allem nur geahnt. Bis wir selber nur noch Maske sind.

Maske, die uns isoliert. Von dem, was wirklich ist, was wirklich geschieht. Nur uns selbst wahrnimmt. Ein Ego, das nicht existieren kann ohne Kontakt zu anderen. Schon der antike griechische Philosoph Sokrates fand heraus, der Mensch ist ein «Zoon Politikon», notwendigerweise auf die Gemeinschaft mit anderen angewiesen.

Weiß nicht, wer ich wirklich bin. Noch lebe oder schon tot? Vorgetäuscht oder wirklich? Taub und auf seltsame Weise satt. Leute um mich herum nur noch Ungeziefer. Bazillen, Viren, die mir an den Kragen wollen. Der ohnehin schon viel zu weit geworden. Vor lauter Schmachten und Verzichten. Heerscharen von Corona-Viren werden den Umweg über Luft- oder Speiseröhre sparen. Die Zellen der Haut zwischen der zweiten und dritten Rippe aufweichen und quer einsteigen.

Gleich mit dem Fressen des linken oder rechten Lungenflügels beginnen. Genießen, was ihnen von mir noch schmeckt.

Plötzlich überkommt mich lange nicht gekanntes Verlangen, meine Seele Gott anzuvertrauen. Jenem Allmächtigen, der Menschen und Tiere geschaffen hat. Auch Corona-Viren mit allen noch kommenden Mutanten. Ich würde glauben, dass nur gerettet wird, wer an ihn glaubt. Glauben ist wichtiger als Wissen. Lebte ich noch, bekäme ich für diese Entdeckung den Nobel-Preis für Theologie. So aber muss ich mich begnügen mit dem, was ich mir vorstelle. Von Unwissenden für Einbildung gehalten. Ich nenne es glauben, weise geworden durch Corona.

Es soll Leute geben, die glauben, immun zu sein. Und sie sind es. Spazieren ohne Maske durch enge Gassen und werden nicht krank. Läden ohne Aufsicht und Kontrolle gibt es in versteckten Winkeln. Positiv aufgeladen Bäcker, Metzger und deren Kunden. Und das Brot, die Wurst, die sie uns nicht schmackhaft machen müssen. Sie schmecken, wie sie im Paradies geschmeckt haben. Keinem Ort, wie die meisten meinen. Sondern einem Zustand, in dem wir uns vor einem Jahr noch befanden. Warum propagiert man nicht optimistisch zu sein?

Corona und allen daraus folgenden Missgeschicken zu trotzen. Nach einem Jahr schon verfügbarer Impfstoff der Beweis. Vergleicht man die Jahrhunderte, bis Pest, Cholera und TBC ausgerottet waren.

Optimismus ist Eigensinn. Und der eine Tugend, die hilft, Katastrophen zu überstehen. Blendet aus, was schaden könnte. Ignoriert, dass alle Welt Masken trägt, um zu überleben. Was im Innersten eines Individuums geschieht, bleibt oder verschwindet, ist ein Geheimnis.

Das Jahrhundert-Genie Albert Einstein hat uns gelehrt, dass alles relativ ist. Aber auch zugegeben, dass trotz Riesenschritten in Medizin und Physik die Natur noch manches Geheimnis für sich behält. Optimismus ist so ein Geheimnis. Durch nichts bewiesen oder widerlegt. Es sollen schon Flöhe gehustet haben. Gold geregnet, Jungfrauen Kinder bekommen ohne das Sperma eines Mannes. Steht in der Bibel. Sehen Sie nach, wenn Sie mir nicht glauben.

Einer oder eine im Seniorenstift, die sich bescheiden A. A. nennt, variiert meine Meinung. Optimistisch auf ihre Art. In allen Aufzügen hängt ihr Gedicht neben einem Gesicht meiner Ausstellung. Februar 2021 neben einem vor 5000 Jahren in eine

Felswand nahe Novosibirsk gekratzten Antlitz eines Menschen:

«Einiges ist abgesagt – vieles aber angesagt: abgesagt ist nicht das Lachen – man darf auch mal Witze machen -eifrig kann man musizieren, vor sich hin auch fabulieren – helfen, hoffen, Freude schenken – und auch mal an Schönes denken -nur einiges ist abgesagt, so vieles bleibt uns zugesagt -Durchhalten ist angesagt und Mut und Kraft, wir schaffen das.»

Schön gesagt, mir Mut gemacht, mich bei all denen zu entschuldigen, die es bis auf diese Seite meines Buches geschafft. Vielleicht auch bis zuletzt erwartet, ich würde ihnen mit Masken und Maskeraden pures Vergnügen bereiten. Diese Zeit ist nicht vergnüglich, sie war es nie. Wer aber versucht, sie gewissermaßen von außen zu betrachten, muss zu dem Schluss kommen: Das ganze Leben ist eine Veranstaltung. Mal vergnüglich, mal trist, meist durchwachsen. Theater, in dem wir eine Rolle spielen. Jeder von uns. Mit oder ohne Maske. Ein Ratespiel für Jung und Alt: Was oder wer steckt dahinter? Setzt nicht jeder eine heitere Miene auf, um andere nicht wissen zu lassen, dass es ihm saudreckig geht. Traurig, weil Mann, Frau oder Tochter gestorben. Fremde nicht teilnehmen lassen an Schwächen oder Geheimnissen?

Der international bekannte Hirnforscher Antonio Damasio stellte fest, dass sich alle Lebewesen, auch der Mensch, geänderten Verhältnissen rasch anpassen. Das Bedürfnis nach Harmonie bestimmt unser Verhalten. In Familie, Beruf und Gesellschaft.

Ob Corona-Viren sich anpassen, um Harmonie zu spüren, hat er damals nicht untersucht. Es wird nicht ganz leicht sein, ein Gehirn in solchen Winzlingen zu entdecken. Denkbar wäre es schon, kommen sie doch in Scharen. Gemeinschaft positiv zu erleben. Und alle mit der gleichen Absicht, in Zellen der Menschen ein neues Zuhause zu finden. Das sie beschäftigt und ernährt. Kann man auch als Mensch mehr erwarten, als ein Zuhause zu haben, Arbeit und satt zu sein?

Nur ist der Mensch anders disponiert. Bei ihm kann Sehnsucht nach Harmonie auch zu anderem als Sattgefühl führen: Einordnung, Unterordnung sogar. Um Karriere zu machen. Beliebt zu sein. Nur keinen Anlass bieten, bestraft zu werden für Andersartigkeit. Zu Beginn der Hitlerzeit konvertierten Juden zum Katholizismus. Ließen sich taufen, deutschten ihren Namen ein. Leugneten ihre Identität, ihren Glauben, um zu überleben. Eine Maske getragen den Rest ihres Lebens. Wer will es ihnen vorwerfen?

Tragen wir doch alle eine Maske. Auch wenn sie unsichtbar ist, nur in unseren Köpfen existiert. Sie versteckt uns. Oder das, was wir für schützenswert halten. Meinung, Vorlieben, unerlaubte Gefühle. Einen Virus im Hirn haben alle. Kein Vorhang vor Nase und Mund kann ihn abwehren. Kein Impfstoff ihn töten, unseren Körper immunisieren. Massenimmunität dieser Art ist erreicht, wenn Menschen vergessen, dass sie Menschen sind. Ein ganzes Volk Verbrechern folgt wie das deutsche. Nazis, die Juden umbrachten, Kommunisten, Zigeuner, Behinderte und Widerständler. Ohne schlechtes Gewissen. Weil sie Feinde des Volkes seien. Merzten sie aus, wie man Ungeziefer ausmerzt. Hitler der größte Kriegs-Verbrecher der Geschichte. 54 Millionen Menschen seine Opfer. Ermordet, vergast, in einem nicht enden wollenden Weltkrieg gefallen.

Möchte Ihnen zurufen: Legt die Maske ab in Euren Köpfen, bevor sie Schaden anrichtet. Wehrt Euch gegen Gleichmacherei. Egal ob Grün, Schwarz, Rot oder Gelb. Christlich, Jüdisch oder Muslimisch. Bleibe jeder, der er ist – oder sein möchte.

Als sollte mir klar werden, was es aktuell bedeutet, zwingt mich Intuition oder ein Impuls, aus dem Fenster der heimwärts fahrenden Tram zu schauen. Auf der Straße neben mir eine junge Frau auf ihrem Fahrrad. Langsam und vorsichtig. Ein Rucksack auf dem Rücken, der wohl so heißen mag, weil man ihn ruckzuck auf den Rücken geworfen hat. Unter dem Schutzhelm weht langes, blondes Haar im Wind. Mund- und Nasenschutz vor dem Gesicht. Unsicher hin und her blickend, das Tempo gedrosselt.

Sssst saust eine ebenso junge Frau an ihr vorbei, überholt. Sportlich in Jeans und Pullover. Haare streng zum Dutt auf dem Hinterkopf fixiert. Tasche am Riemen lässig über die linke Schulter gehängt. Kein Schutzhelm. Keine Maske vor dem Gesicht. Auch ohne es frontal gesehen zu haben, bin ich sicher: Diese junge Frau ist eine Optimistin. Glücklich, die Angst hinter sich lassen zu können. Glücklich auch, der sie bei diesem Manöver beobachtete.

15

12. Februar, 17:30 Uhr. Klingeling. Ulrike, jüngste
meiner Töchter in der Tür. Die Maske abgerissen,
die Arme ausgebreitet, mich zu umarmen. Weiß
nicht, wie lange wir so standen. Die Wohnungstür
noch halb offen. Koffer da, wo er fallen gelassen.
Aus der Pantry ruft der Wecker: Abschalten! Sonst
brennt wieder alles an wie gestern noch. So ist das
mit dem Kochen. Nix nebenbei mit Links. Wenn
Töpfe reden könnten, wären es Klagelieder. Ehemals blanker Edelstahl außen und innen dunkler
geworden. Als müsste er sich schämen für meine
Nachlässigkeit. Schreibe ich an einem Buch, existiert
für mich alles andere nicht mehr. Wenn meine Nase
es riecht, ist es zu spät. Kartoffel oder Paprika nur
noch am Boden festgeklebte Masse. Aber im Repa-
rieren bin ich gut. Von Ehrgeiz gepackt. Bis jetzt
gelang es mir, im teuren Kochgeschirr von Schulte
Ufer immer wieder leckere Sachen zu kochen. Und
keinen meiner Gäste störte es, dass vielleicht, mögli-
cherweise, eventuell ein mikroskopisch kleiner Rest
von Angebranntem den Geschmack eines Huhns so
unvergleichlich, so einmalig gemacht.

Ulrike geht auf Distanz. Sieht mich an, bevor sie
spricht. Als wollte sie nicht die geringste Regung

meines Gesichts verpassen. Gesteht, sie habe kein Zimmer, in dem sie vier Nächte schlafen kann. Warum, es war doch abgesprochen? Ahne Schlimmes. Die Vermieterin weigerte sich, sie bei ihr schlafen zu lassen. Krankenschwestern auf einer Intensiv-Station war jeder Kontakt mit Fremden verboten. Corona, ja und jetzt? Gästezimmer in meinem Haus dürfen nicht belegt werden. Auch bei mir auf der Liege nicht erlaubt, die Nacht zu verbringen. Aber das Glück – ja das Glück ist auf der Seite der Optimisten. Nach längerem Telefonat erlaubte die Direktorin Ulrike, zwei Nächte in einem der Gästezimmer zu nächtigen.

Die Tage sind unser. Bis in die frühen Morgenstunden. Geredet und diskutiert. Gekocht, gebacken, gegessen und getrunken. Immer wieder uns angesehen und näher gekommen. So nah wie bisher nie. Maskenfrei und hoffnungsfroh, auch die nächsten Pandemien zu überleben. Inklusive aller denkbaren Mutanten in Organen und Gehirn. Einmal im Jahr darf Karneval sein, Letzteres zu lüften.

15. Februar. Heute ist Rosenmontag. Höhepunkt eines Karneval, der keiner ist, wie wir ihn kennen und lieben. Pastore predigen vor leeren Kirchenbänken: „Fürchtet euch nicht". Rosenmontagszüge im Fernsehen von gestern und vorvorgestern. Be-

kannte Comedian scherzen vor leeren Theatern, Beifall aus dem Off. Kritisieren wie üblich. Corona, die ganze Gesellschaft. Was sonst? Ihre Späße immer ernst gemeinte Drohungen, wie man weiß. Politiker wohl oder übel daran gewöhnt. Nur das Publikum vor der Flimmerkiste räkelt sich in Polstern. Lacht und klatscht nach jedem Gag. Wenn Dieter Nuhr Corona persifliert, empfiehlt, ihn nicht so ernst zu nehmen. Betroffen seien immer nur die anderen. Hal, ha, ha.

Selbst die Bundesbahn, mit der Ulrike kam, sah sich bemüßigt, ihre Fahrgäste in diesen dunklen Zeiten zu erheitern. Lobt in ihrer Bordzeitung Kölnische Lebensweisheiten. Sie lesen sich wie Scherzartikel. Und sind doch wahr und hilfreich, relativieren sie selbst einen Virus wie Corona. Man solle sich nicht von Politikern zwingen lassen, den Virus jetzt endlich ernst zu nehmen. Wer die Opposition an die Macht bringen will, braucht sich nur zu weigern, Corona ernst zu nehmen. Über einen dieser Kölnischen Lebensweisheiten könnte man nachdenken:

«Et es noch emma joot jejange». Deckt sie sich doch mit meiner These, Optimismus hilft.

29. März 2021. Morgen habe ich Geburtstag. Die 94 will ich feiern. Trotz Corona. Lade Freund Alo-

ys aus Düsseldorf und Carl, meinen Bruder aus Frankfurt ein. Das Triumvirat hochbetagter Männer zu feiern. Ehefrauen tot, meine und die von Aloys. Carl mit C geschrieben, geschieden. Maske im Gepäck für alle Fälle. Geschenke will ich keine. Nur zusammen hocken und reden. Uns freuen, dass wir noch halbwegs gesund beieinander sind. Der Geist jung, flexibel genug, riskante Gegenwarts-Probleme zu umschiffen.

Noch herrscht Lockdown und alle Restaurants geschlossen. Hätte gern bei Tobia Iannicelli, dem besten Italiener Freiburgs, gefeiert. Nun muss ich selber ran. Macht nichts. Es wird das beste Menue meines Lebens werden. Nur, wo sollen sie schlafen? Zwei Zimmer brauchte ich. Telefoniere mit einem nahe liegenden Hotel. Geschäftsreisende können dort nächtigen. Gott sei gedankt, getrommelt und gepfiffen. Sind nicht auch Pensionisten Reisende in eigener Sache?

Soll ich sie mit dem Hochzeitsmarsch von Mendelson begrüßen? Gerne gespielt, wenn liebe Gäste erwartet werden. Frauen aber, die dazu gehören, fehlen. Drei alleinstehende Männer hätten sich noch alleiner gefühlt als sie ohnehin sind. Des Russen Aram Chatschaturjans Suite «Masquerade» hätte gepasst. Leider aber für Orchester geschrieben. Darf keines engagieren, Corona wegen. Klavierstücke von ihm spiele ich schon länger auf meinem Piano. Eines von ihnen passt sogar noch besser in diese Corona-Zeit. Werde aus den Abenteuern des Iwan spielen, was schon länger als vier Monate Lockdown unser Schicksal ist: «IWAN KANN NICHT AUSGEHEN».

Wie das anfängt schon. Zögert, zuzugeben, allein zu sein. Nicht raus zu können. Doch dann die Erkenntnis, ich bin gefangen. Stottert, schreit um Hilfe. Pausiert außer Atem. Beginnt von neuem, wiederholt sich. Als könne es ihn befreien. Raus lassen, das Leben genießen, tanzen. Immer die gleiche Kadenz: h-fis-e-g-es-c … h-fis-e-g-es-c … h-fis-e-g-es-c … h-fis-e-g-es-c. Als wäre ihm nichts anderes eingefallen. Kein Ende abzusehen.

Ertappe mich, beim Klavierspiel an Corona zu denken. Mir scheint, Aram hat versehentlich den Virus verschluckt. Statt ihn mit einem kurzen, knackigen Fortissimo zum Teufel zu jagen. So aber klingt es wie bei uns derzeit. Verkehrte Welt, als wäre dem Komponisten schon vor einem halben Jahrhundert der Appetit vergangen. Hätte Fieber seine zitternde Hand geführt. Kunst ist, wie ich bereits feststellte, Intuition. Mal bezahlt man dafür

Millionen. Mal stirbt man früher als gedacht. Alles hat seinen Preis.

Gespannt, wie zwei darauf reagieren. Besonders Bruder Carl. Wir hatten Jahrzehnte nur Kontakt per Telefon. Bis zu seinem 65sten, der uns näher brachte. So nahe, dass wir echte Freunde wurden. Falsche Meinungen korrigiert, Stärken und Schwächen kennengelernt. Glücklich ein jeder, er selbst zu sein und zu bleiben. Erkannt, wir brauchen einander. Der Korrespondent des Hessischen Fernsehens den frei schaffenden Künstler OWB. Und umgekehrt.

Werde Aloys und Carl sofort anrufen, Namen und Adresse des Hotels nennen. Bei Aloys geht niemand ans Telefon. Schon unterwegs? Karl dauernd besetzt, sooft ich auch anrufe. Setze mich ans Klavier, Iwan den letzten Schliff zu geben. Auch wenn es da und dort coronamäßig klingt. Das ewig gleiche h-fis-e-g-es-c nur wiederholt, was schon mal war. Ähnlich dem ewigen Corona-Geplärre bei uns im Haus und überall, wo Menschen leben. Die beiden aber soll mein Iwan daran erinnern, dass sie frei sind, mich zu besuchen. Meinen Geburtstag wie eine Auferstehung zu feiern. Sorgen und Ängste der Welt vergessen. Optimisten, die dieser Welt zeigen, dass es sich lohnt zu leben.

Klingelingeling, das Telefon: „Ja, Bringer, wer ist da?"

Nichts. „Hallo, hallo!" Pause. Eine Stimme. Leise, kaum zu verstehen: „Lanz, Charly ist tot." „Warum? Wieso so plötzlich?" „Herzinfarkt, als er seinen Glückwunsch für Sie verpackt, fiel er hin. Und stand nicht mehr auf."

Pause, Rauschen im Ohr und nichts mehr. Karl nannten seine Freunde Charly. Warum, weiß ich nicht. Warum ausgerechnet Herzinfarkt und nicht Corona? Das hätte gepasst. Warum? Warum das alles? Carl und nicht irgendeiner? Gestern noch telefoniert. Normal seine Stimme, launig wie immer. Langsam, ganz langsam wird mir bewusst, alles, auch der Tod hat zwei Seiten. Es war gut so. Auch Rose starb, bevor Medizintechnik sie an Sauerstoffmaschine und Rollstuhl fesselte, zu leben gezwungen. Auch ich würde auch lieber auf der Stelle tot umfallen als Tage oder Wochen in einer Klinik vergeblich auf Erlösung hoffen.

Am nächsten Tag ein Päckchen vom toten Bruder. Lege es ungeöffnet zum Notenheft auf dem Klavier. In dem Aram Chatschaturjans Iwan darauf wartet, dass er ausgehen kann. Fühle mich verlassen und bin doch zuhause. Allein wie damals, als Rose starb. Sitzt sie doch mir gegenüber am dunkelkirschroten Tisch. Jedes Mal, wenn ich esse. Lebendig in meinen Bildern und Büchern. Auch Karl in meinem Buch «ALTER EGO – Das andere Ich». Sein Glückwunsch bleibt verpackt auf dem Klavier liegen. Was es enthält, mag mich erfreuen oder ärgern. Wichtiger, mich an einen zu erinnern, der mein lieber Bruder ist. Bleibt, solange ich Bach spiele, Mozart oder Aram Chatschaturjan. Der in seinem Klavierstück häufiger schwarze Tasten als weiße klingen lässt. Spiele ich Moll und nicht Dur, fühle ich mich allein und bin es nicht. Distanz vom üblichem Gedränge ließ mich erkennen, ich kann beides sein. Traurig und sinnenfroh. Böse auch und gut. Mensch und kein Mikro-Virus.

h-fis-e-g- es-c ... h-fis-e-g-e-c ... h-fis-e-g-es-c ... Kann nicht ausgehen, ganz bei mir. Bei allen, die ich im Leben versuchte zu lieben. Spüre in mir Kräfte wachsen. Geradezu sinnliche Lust, weiterzuleben. Mit und ohne Begonia.

Über den Autor

Otto W. Bringer, 94, vielseitig be-
gabter Autor. Malt, bildhauert, fotografiert, spielt Klavier und schreibt,
schreibt. War im Brotberuf Inhaber
einer Agentur für Kommunikation.
Dozierte an der Akademie für Mar-
keting-Kommunikation in Köln.
Freie Stunden genutzt, das Leben in Verse zu gießen.
Mit 80 pensioniert und begonnen Prosa zu schreiben.
Sein Schreibstil ist narrativ, "ich erzähle" sagt er. Seine Themen sind die Liebe, alles Schöne dieser Welt.
Aber auch der Tod seiner Frau. Bruderkrieg in Paläs-
tina. Werteverfall in der Gesellschaft. Die Vergäng-
lichkeit aller Dinge, die wir lieben. Die zwei Seelen in
seiner Brust.

Weitere Bücher von Otto W. Bringer

"ROSE LEBT": Wieder auferstanden in diesem Buch. Lebendig in Bildern und Liebesbriefen an die Verstorbene.
Taschenbuch mit 230 Seiten und 15 Fotos

"MALLORCA mit allen Sinnen": Land und Leute kennen und lieben gelernt. Das Meer, die Buchten, in Finkas gewohnt und in Nobelhotels. Mit Einheimischen gefeiert.
Taschenbuch mit 212 Seiten und 21 Fotos, auch als ebook lieferbar

"ITALIEN mit allen Sinnen": Die Wiege abendländischer Kultur. Ziel ihrer Sehnsucht, Menschen kennenzulernen. Zu sehen, zu erleben, was Kunst ist. Einschließlich kulinarischer Genüsse.
Taschenbuch mit 242 Seiten und 21 Fotos, auch als ebook lieferbar

"FRANKREICH mit allen Sinnen": Nachbarland, in dem Geschichte lebendig ist. In römischen Theatern, Klöstern und Königsschlössern. Kultur eingeatmet, Geschichte hautnah erlebt. Sterneküche und Bistros genossen.

Taschenbuch mit 220 Seiten und 30 Fotos, auch als ebook lieferbar

"ZUHAUSE – Wo?" Autobiographie, eine lange, detailreiche Geschichte. Mit Niederlagen und Siegen. Überraschenden Höhepunkten und geplanten Erfolgen. Liebe und Tod die Eckpunkte allen Geschehens.

Taschenbuch mit 443 Seiten

"GESICHTER das Rätsel hinter den Fassaden" Alles hat ein Gesicht. Essays über Pharaos Goldmaske, Jesus von Nazareth, Karl der Große, Goethe, Adenauer, Marilyn Monroe u.a. Ein Hund, Landschaft, Städte und der Autor selbst im Spiegel. Findet er des Rätsels Lösung?

Taschenbuch mit 250 Seiten und 18 Abb., auch als ebook lieferbar

"AUGE um AUGE": Roman über den Konflikt zwischen Juden und Palästinensern. Politische und gesellschaftliche Probleme. Ein Mann und zwei Frauen darin verwickelt. Eine von ihnen ist Jüdin. Engagiert mit ihrem Freund für Versöhnung. Sie lernen sich kennen und das Drama nimmt seinen Verlauf. Tote auf allen Seiten. Ein Mann, eine Frau bleiben und ein dreijähriges Kind.

Taschenbuch und Hardcover mit 286 Seiten, auch als ebook lieferbar

"PORCUS – das charakterlose Schwein" Fast ein Krimi. Lebenslauf von Gymnasiasten, die sich mit lateinischem Namen ansprechen. Porcus einer, der sie verpetzte, als sie in der Pause mit Mädchen schmusten. Später versuchte er einen von ihnen zu töten. Was ihm nach vielen schlimmen Ereignissen zum Schluss auch gelang. Weil er einen schlechten Charakter hatte?

Taschenbuch und Hardcover, 224 Seiten, auch als ebook lieferbar

"Das Rätsel Frau" – aus der Sicht des Mannes. Weil sie anders ist. Nicht nur anders aussieht, sondern vor allem anders denkt, fühlt, reagiert und entscheidet.

Taschenbuch und Hardcover mit 144 Seiten, auch als ebook lieferbar

"Fräulein QUAKIS Versuche ein Mensch zu werden". Geschichte einer Freundschaft zwischen einem kleinen Mädchen und einem Froschfräulein. Was so hoffnungsvoll begann, endet in einem Desaster. Alle Versuche Deutsch zu lernen scheitern. Wundermittel, Wallfahrten und Gentransplantion bleiben erfolglos. Sie bleibt ein Frosch. Und endet nicht wie der Frosch in Grimms Märchen. Taschenbuch und Hardcover mit 104 Seiten, auch als ebook lieferbar

"Adieu – Nichts bleibt …"
Jeder weiß, dass Abschiednehmen zum Leben gehört. Sich trennen müssen von dem, was wir lieben, gewohnt sind. Wir verdrängen den Gedanken daran, aber es hilft uns nicht. Leben heißt sich verändern. Kommen und gehen wie Frühling, Sommer, Herbst und Winter. Wachsen und reifen und sterben. Sonst wäre es nicht lebendig, sondern tot.

In 38 Kurzgeschichten erzählt der Autor, wie er selbst und viele andere dieses ständige Abschiednehmen erlebten. Besser gesagt überlebten. Jedes Mal tieftraurig danach, gefasst oder reifer geworden in Einsicht und Charakter. Entschlossen Neues zu beginnen oder es hinzunehmen wie ein unvermeidliches Schicksal.

Taschenbuch und Hardcover, 187 Seiten, auch als ebook lieferbar

"Mann Gottes" Der Mann Theologe und Dozent an einer katholischen Akademie. Die Frau heimgekehrte Russlanddeutsche, verheiratet. Sie verlieben sich, begehren einander. Probleme bleiben nicht aus. Innere Zweifel, äußere Zwänge führen zu einem Fiasko.

Taschenbuch und Hardcover, 224 Seiten, auch als ebook lieferbar

"Ich bin nicht der ich bin" Wer bin ich? Die Frage treibt den Autor um. Denkt und denkt und kommt nach vielen gedanklichen Pirouetten zur Erkenntnis: ich bin ein Mensch wie andere. Mal so, mal so. Wechselhaft wie das Wetter.

Taschenbuch und Hardcover, 83 Seiten, auch als ebook lieferbar

„Das Haar in der Apokalypse" Die aufregende Geschichte von einem Haar aus der Wolle eines provençalischen Schafes, im 14. Jahrhundert zu Garn gesponnen, zum Gewand des Apostels Johannes und Gottvaters geknüpft. In fantastischen Bildern der Apokalypse, den Endzeitgesängen des Johannes, auf riesengroßen Teppichen nebeneinander gehängt in einer Länge von über 100 Metern.

Ein ausdrucksvoll eindringliches Spektakel mittelalterlicher Vorstellungen vom Ende der Welt - und einem Haar, das nicht sterben wird, solange die Teppiche im Schloss von Angers an der Loire hängen.

Taschenbuch und Hardcover mit 136 Seiten. Auch als ebook lieferbar.

„ALTER EGO – das andere Ich" Das Leben eines Mannes, der zweihundert werden will. Unterwegs zu den fantastischsten Abenteuern. Alltags in Freiburg, im Universum auf den Flügeln seiner Fantasie. Und bei sich selbst. Herauszufinden, wer er ist. Liebt, malt, spielt Klavier, kocht. Ein Mensch mit mehr als zwei Identitäten? Alle in einer Person? Mehr als Gott in drei. Höchst spannend, seiner Vita zu folgen. Der Auferstehung seiner toten Rose.

Taschenbuch und Hardcover mit 384 Seiten. Auch als ebook lieferbar.

„Das Experiment" Parabel könnte man dieses Buch nennen. Philippe Emmanuel Escargot ist klein von Gestalt. Hoch begabt, träumt, der Größte zu werden. Die Idee Im Kopf, Häuser für Menschen zu bauen, die wie Schneckenhäuser aussehen und funktionieren. Zuhause sein und unterwegs gleichzeitig. Studiert Architektur, experimentiert, verliebt sich. Scheitert, beginnt wieder von Neuem. Er will mit seiner Freundin im Schneckenhaus wohnen. Das Experiment gelingt, wie es den Anschein hat.

Taschenbuch und Hardcover mit 244 Seiten. Auch als ebook lieferbar.

In der modernen Welt wird es für das Individuum zunehmend schwieriger, sich gegen Visionen von Größe bei Politikern zu behaupten und Moden aller Art, die laufend wechseln. Globalisierung und Digitalisierung nehmen zu, in bisher unvorstellbarem Tempo, gefährden Arbeitsplätze, verwischen Maßstäbe. Groß muss alles sein, um mehr Macht zu haben. Der Einzelne scheint wehrlos. Die Gefahr, sich selbst zu verlieren, ist groß – Selbstbestimmung nur noch ein Wunschbild? Beispiele in diesem Buch zeigen, dass es geht, wenn der Mensch seine Ansprüche reduziert und ein bisschen Mut aufbringt der zu sein, der er ist.

Taschenbuch und Hardcover mit 228 Seiten. Auch als ebook lieferbar.

Friedrich II., Kaiser des Heiligen Römischen Reiches — der mächtigste und fortschrittlichste Potentat seiner Zeit wird aller Ämter beraubt. Was macht ein Mann, den die Kirche entmachtete? Der als Erster ein Gesetz zur Reinhaltung der Luft erließ? Der Fremde in sein Land holte, um es zu bereichern? Der Universitäten gründete, Bücher schrieb und Frauen nicht nur liebte, um Nachfolger zu haben?

Taschenbuch und Hardcover mit 400 Seiten. Auch als ebook lieferbar.

Nichts bewegt Menschen so sehr wie Sterben und Tod. Die Angst vor dem endgültigen Aus besteht zwar meist unbewusst, treibt uns aber an und motiviert uns, am Leben zu hängen, es zu lieben - mit allen Fasern unseres Seins.

Dieses Buch definiert Gründe für die Angst vor dem Tod, ebenso die Tricks, ihm auszuweichen, ihn zu ignorieren sowie die Rolle der Religionen dabei - vom sogenannt »finsteren Mittelalter« bis in die aufgeklärte Gegenwart.

Wer es aufmerksam liest, entdeckt hinter allem Positives. Das Buch ist eine Aufklärungsschrift über die Macht des Todes, aber ebenso eine einzige Hymne an das Leben. Die Bekenntnisse des Autors: Liebeserklärungen eines Optimisten.

Taschenbuch und Hardcover mit 356 Seiten. Auch als ebook lieferbar.

In diesem Buch hat ein Poet sich inspirieren lassen, Obst und Gemüse auf seine Weise gesehen und interpretiert – anders als Markt, Supermarkt und Biologen es definieren. Formen verändern sich und bleiben, was sie sind. Farbe zeigt Wechselwirkungen. Alltägliches kommt auf neue Gedanken, träumt Schönes, wird Bild und Vers.

108 Seiten, auch als E-Book lieferbar.

Gläser, Schalen, Krüge aus flüssigem Kalk-Natron – geblasene gläserne Gegenstände sind nützlich zumeist. Schön manchmal. Immer aber zerbrechlich. Es könnte dahinter noch was zu entdecken sein. Anregendes. Nachdenkliches. Gefühle wecken. Erinnern, bewegen und hoffen wider alle Hoffnung.

Alles das kann geschehen, denn der Autor dieses Büchleins hat Gläsernes ins rechte Licht gerückt. Im richtigen Moment auf den Auslöser der Kamera gedrückt. Die Fotos im PC modifiziert. Um sich inspirieren zu lassen zu dem, was Sie in diesem Büchlein lesen. Glücklich, wenn Schönes Sie berührt. Und nachdenklich. Erkennen Sie sich selbst in dem ein oder anderen.

Taschenbuch und Hardcover mit 96 Seiten. Auch als E-Book lieferbar.

ROLLENTAUSCH ist ein Bühnenstück, das die bisherige Lesart auf den Kopf stellt. Laut Bibel hat Gottvater zuerst den Mann erschaffen, dann erst Eva. Der Autor lässt in seinem Bühnenstück Gott seinen Schöpfungsakt überdenken und zu dem Entschluss kommen, noch mal von vorne zu beginnen und die Frau als Erste zu erschaffen. Ein Gleichnis mit vielen Bezügen zu aktuellen Äußerungen und Ereignissen.

Taschenbuch mit 104 Seiten.

Der Autor wusste praktisch nichts über seinen Vater, was er gedacht, gefühlt, geliebt. Wie sein beruflicher Alltag aussah. Nur ein altes Foto, zufällig entdeckt beim Aufräumen. Sich nur erinnert, was er gesehen, gefühlt als Kind. Schüler, Flakhelfer und Soldat Ende des Zweiten Weltkrieges. Gewusst nur, dass sein Vater 1915/16 als Soldat in Riga war. Fragt sich: War er beteiligt an der Zerstörung der Stadt? An der Verhaftung von Juden?

Taschenbuch und Hardcover mit 240 Seiten. Auch als E-Book lieferbar.

Jeder hat eine Meinung von Dingen, Gott, Natur, Politik und allem, was passiert. Auch von sich und anderen Menschen. Solange sie nicht andere beleidigt oder bedroht, ist sie legitim. Lobenswert die Meinung anderer zu akzeptierten, auch wenn sie der eigenen widerspricht. Ideal geradezu, lädt sie ein zu diskutieren, einen gemeinsamen Nenner zu finden, einen Kompromiss. In diesem Buch hat der Autor alle Aspekte der Meinungsbildung erläutert. Ursachen, Methoden, Meinungen friedlich zu äußern oder anderen gewaltsam aufzuzwingen. Gelangt zu der Erkenntnis, dass heute eine Meinungs-Diktatur herrscht. Taschenbuch und Hardcover mit 196 Seiten. Auch als E-Book lieferbar.

Wer ist dieser Piccolo? Dem Zunamen nach Italiener. Erfolgreicher Enkel des ersten Einwanderers aus Sizilien. Fritz statt Federico zeigt, er hat sich gut integriert. Ein i im Namen wie abertausend andere. Mit einem Punkt darüber, sonst hieße er nicht Piccolo. Der einzige Buchstabe im Alphabet mit einem Punkt muss ihn fasziniert haben, denn alle seine Produkte haben ein i im Namen. Sie scheinen unauffällig, überraschen den Käufer in der täglichen Praxis.

Der 1,52 m kleine Mann hat Visionen und Einmaliges im Sinn, das er noch geheim hält. Bundeskanzler Schmidt hätte ihn zum Arzt geschickt. Fritz Piccolo aber ist ein ganz besonderer Visionär. Hätte Schmidt ihn persönlich gekannt, wäre er Psychotherapeut geworden statt Politiker, um Piccolo sein Geheimnis zu entlocken.

Taschenbuch und Hardcover mit 260 Seiten. Auch als E-Book lieferbar.

Wer ist schon mit seinem Rufnamen einverstanden, auf den er keinen Einfluss hatte? Der Protagonist dieses Büchleins ist einer, der seinen Namen nicht mochte. Otto klang ihm zu altbacken. Bis eine Freundin ihm vorschlug, seinen Namen auf zwei Buchstaben zu verkürzen. Raten Sie mal, welche.

Taschenbuch und Hardcover mit 84 Seiten. Auch als E-Book lieferbar.

Wer hat sich nicht schon einmal gewünscht, Verstorbene wieder zum Leben zu erwecken, sie zu lieben, mit ihnen gemeinsam von vorne anzufangen? Gelänge es ihnen, wären sie Jesus, der Einzige, dem es gelang, wieder aufzuerstehen und auch allen Sterblichen ewiges Leben im Jenseits versprach, wenn sie an ihn glauben, seinen Gebote folgen. Auch in anderen Religionen gibt es ein Weiterleben nach dem Tod. Weil Menschen sich wünschen, ewig zu leben?

Mit Sachkenntnis und Fantasie schafft es der Autor, dass wir Toten von 1540 v. Chr. bis heute begegnen.

Taschenbuch und Hardcover mit 368 Seiten. Auch als E-Book lieferbar.

Man kann den Eindruck gewinnen, dass Männer noch nie so in der Kritik standen wie heute. Frauen klagen vor Gericht, von ihnen belästigt und vergewaltigt worden zu sein. Gleichberechtigung in Familie und Beruf wird durch Quoten abgesichert.

Der Autor dieses Buches sucht und findet einleuchtende Erklärungen für das Verhalten der Männer, ohne sie zu entschuldigen. Für Leserinnen und Leser finden sich genügend Anstöße, Konsequenzen zu ziehen.

Taschenbuch und Hardcover mit 152Seiten. Auch als E-Book lieferbar.

Zeitfracht Medien GmbH
Ferdinand-Jühlke-Straße 7
99095 Erfurt, Deutschland
produktsicherheit@kolibri360.de